『10대를 위한 데일 카네기 인간관계론』을
미리 읽은 독자들의 기대평

* 고학년 학생의 이름부터 가나다순으로 게재했습니다.

**출간 전 책을 미리 읽고 후기를 써 주신 청소년 그리고 학부모님의 열정에 감사드립니다!
앞으로 더 좋은 책으로 기대에 부응하겠습니다.

비난이 난무하는 시대, 정의가 사라지고 올바른 것의 기준이 없는 세상, 모든 것을 놓아 버리고 싶은 감정들에 잠식되어 가고 있었습니다. 첫 페이지의 "시대가 달라져도 변하지 않는 '진리'를 담고 있기 때문이다"라는 문장에 밑줄을 긋고 쏜살같이 읽어 내려갔습니다.

요즘 고민하는 저의 문제들에 대한 해답을 주는 책입니다. 모르고 있진 않았지만 부정적인 감정들이 쌓여 잠시 잊고 있었던 진리. 저를 재정비하게 만들어 주는 글들입니다. 인생의 과정에 흔들림 없는 길라잡이가 되어 줄 책으로 추천합니다.

_김학수(교하중 3) 맘 차길예

* * *

부모와 자녀가 함께 읽고 책 내용과 관련해서 학교나 기타 친구 관계와 연관된 사례에 대해 이야기를 나누고 어느 방향으로 행동했는지 편하게 이야기 나눌 수 있도록 맞춤한 책입니다.

경쟁 속에서 고슴도치같이 딱딱한 가시로 무장해 가는 우리 청소년들에게 진정한 인생의 위너가 될 수 있는 마음의 샘물 같은 책이 될 것 같습니다.

_박주원(개운중 3) 맘 백진영

* * *

'차례'를 보고 주제에 맞게 읽어 보고 체크 표시를 할 수 있는 곳이 있어 좋았습니다.

_우수정(국립전통예술중 3)

성인이라고 해도 청소년 책이 쉬운 것은 아닙니다. 하지만 빠르게 읽을 수 있는 장점이 있습니다. 청소년 자녀를 키우고 있는 부모님들에게 권하고 싶은 책입니다.

_우수정 맘 오수란

*　*　*

평소 『데일 카네기 인간관계론』을 읽고 싶었지만 너무 어려워 다 읽지 못했었습니다. 책을 읽고 싶어도 어려워서 접근하지 못했던 많은 학생들이 편하게 읽을 수 있는 청소년 책이라 좋습니다. ＿임송이(숭인중 3)

*　*　*

챕터별로 주제가 있고 그와 관련된 일화들이 실려 있어 흥미롭습니다. 원서의 짧은 문장도 좋습니다. 부모와 아이가, 선생님과 학생이 함께 읽으며 자연스럽게 토론하기 좋은 이야기들로 구성되어 있습니다. 오래전 출간된 책을 번역한 것이라 딱딱하고 지루할 것이라는 편견을 깨는 책입니다.

＿정지우(개운중 3)

*　*　*

평소 대화할 때 굉장히 필요한 내용으로 구성되어 있습니다. 예시도 적절하고 이해하기 쉽게 쓰여 좋았습니다. 하지만 요즘 아이들이 하는 말과 그 말을 상대하기 위한 대화법으로 곧바로 적용하기에는 어려움이 있어 보입니다.

원서에는 없더라도 책 뒷부분에 요즘 아이들 대화의 특징은 살짝 더 넣어 주시면 좋겠습니다. ＿이동건(덕은한강중 2)

*　*　*

시중에 있는 책 중에서 최근에 자기계발서, 4차산업혁명, 부에 관한 책이 많이 나옵니다. 하지만 사회생활에서 가장 기본적인 인간관계에 관해 정확히 제시해 주는 책은 아직 보지 못했습니다. 이런 시기에 사고방식과 행동의 방향성을 이 책이 어렴풋이 제시해 주어 좋았습니다.

3부 2장 '상대방이 틀렸다고 말하지 말자'에서 개인적으로 자연스러운 인간관계의 최종 답안은 앞 문장 같습니다. 제가 생각하는 인간관계의 첫 번째 다짐은 나와 너의 관계에서 옳고 그름이 아니라 너와 나와 다름에서 생기는 생각의 차이에서 오는 모든 일을 어떻게 조화롭게 만들어 갈 수 있을까? 라고 생각합니다. 나의 생각과 다르다고 다른 사람이 틀린 건 아닌데, 자신의 생각이 옳다고 생각하는 착각에 빠지는 경우도 있습니다. 이 책이 학교라는 틀과 사회라는 틀에서 달라지는 인간관계에 대한 좋은 길잡이가 되어 주면 좋겠습니다. ＿정태훈(고창중 2) 맘 정은미

*** 기대평은 뒷면지에 계속됩니다.

10대를 위한

데일 카네기
인간관계론

10대를 위한

데일 카네기 인간관계론

데일 카네기 지음
카네기클래스 편역

세상에 나가기 전에 꼭 알아야 할 인간관계 법칙 30가지!

책이라는 신화
BOOK OF LEGEND

한 챕터씩 읽은 날짜와 실천한 날짜를 기록해 보세요.
작은 실천들이 하나하나 모여 큰 성공을 이룹니다!

챕터	1장		2장		3장		4장		5장	
읽은 날짜	월	일	월	일	월	일	월	일	월	일
실천한 날짜	월	일	월	일	월	일	월	일	월	일

챕터	6장		7장		8장		9장		10장	
읽은 날짜	월	일	월	일	월	일	월	일	월	일
실천한 날짜	월	일	월	일	월	일	월	일	월	일

챕터	11장		12장		13장		14장		15장	
읽은 날짜	월	일	월	일	월	일	월	일	월	일
실천한 날짜	월	일	월	일	월	일	월	일	월	일

챕터	16장		17장		18장		19장		20장	
읽은 날짜	월	일	월	일	월	일	월	일	월	일
실천한 날짜	월	일	월	일	월	일	월	일	월	일

챕터	21장		22장		23장		24장		25장	
읽은 날짜	월	일	월	일	월	일	월	일	월	일
실천한 날짜	월	일	월	일	월	일	월	일	월	일

챕터	26장		27장		28장		29장		30장	
읽은 날짜	월	일	월	일	월	일	월	일	월	일
실천한 날짜	월	일	월	일	월	일	월	일	월	일

2.

챕터	1장		2장		3장		4장		5장	
읽은 날짜	월	일	월	일	월	일	월	일	월	일
실천한 날짜	월	일	월	일	월	일	월	일	월	일

챕터	6장		7장		8장		9장		10장	
읽은 날짜	월	일	월	일	월	일	월	일	월	일
실천한 날짜	월	일	월	일	월	일	월	일	월	일

챕터	11장		12장		13장		14장		15장	
읽은 날짜	월	일	월	일	월	일	월	일	월	일
실천한 날짜	월	일	월	일	월	일	월	일	월	일

챕터	16장		17장		18장		19장		20장	
읽은 날짜	월	일	월	일	월	일	월	일	월	일
실천한 날짜	월	일	월	일	월	일	월	일	월	일

챕터	21장		22장		23장		24장		25장	
읽은 날짜	월	일	월	일	월	일	월	일	월	일
실천한 날짜	월	일	월	일	월	일	월	일	월	일

챕터	26장		27장		28장		29장		30장	
읽은 날짜	월	일	월	일	월	일	월	일	월	일
실천한 날짜	월	일	월	일	월	일	월	일	월	일

3.

챕터	1장		2장		3장		4장		5장	
읽은 날짜	월	일	월	일	월	일	월	일	월	일
실천한 날짜	월	일	월	일	월	일	월	일	월	일

챕터	6장		7장		8장		9장		10장	
읽은 날짜	월	일	월	일	월	일	월	일	월	일
실천한 날짜	월	일	월	일	월	일	월	일	월	일

챕터	11장		12장		13장		14장		15장	
읽은 날짜	월	일	월	일	월	일	월	일	월	일
실천한 날짜	월	일	월	일	월	일	월	일	월	일

챕터	16장		17장		18장		19장		20장	
읽은 날짜	월	일	월	일	월	일	월	일	월	일
실천한 날짜	월	일	월	일	월	일	월	일	월	일

챕터	21장		22장		23장		24장		25장	
읽은 날짜	월	일	월	일	월	일	월	일	월	일
실천한 날짜	월	일	월	일	월	일	월	일	월	일

챕터	26장		27장		28장		29장		30장	
읽은 날짜	월	일	월	일	월	일	월	일	월	일
실천한 날짜	월	일	월	일	월	일	월	일	월	일

4.

챕터	1장		2장		3장		4장		5장	
읽은 날짜	월	일	월	일	월	일	월	일	월	일
실천한 날짜	월	일	월	일	월	일	월	일	월	일

챕터	6장		7장		8장		9장		10장	
읽은 날짜	월	일	월	일	월	일	월	일	월	일
실천한 날짜	월	일	월	일	월	일	월	일	월	일

챕터	11장		12장		13장		14장		15장	
읽은 날짜	월	일	월	일	월	일	월	일	월	일
실천한 날짜	월	일	월	일	월	일	월	일	월	일

챕터	16장		17장		18장		19장		20장	
읽은 날짜	월	일	월	일	월	일	월	일	월	일
실천한 날짜	월	일	월	일	월	일	월	일	월	일

챕터	21장		22장		23장		24장		25장	
읽은 날짜	월	일	월	일	월	일	월	일	월	일
실천한 날짜	월	일	월	일	월	일	월	일	월	일

챕터	26장		27장		28장		29장		30장	
읽은 날짜	월	일	월	일	월	일	월	일	월	일
실천한 날짜	월	일	월	일	월	일	월	일	월	일

학교에서도 가정에서도 배울 수 없는
진짜 인간관계의 지혜

『데일 카네기 인간관계론(원제: How to Win Friends and Influence People)』은 전 세계 1억 부가 팔린 초베스트셀러입니다. 이제는 '자기계발의 고전'이라고 불려도 될 만큼 100년의 시간이 지나도 여전히 전 세계 독자들의 사랑을 받고 있습니다. 고전이 사랑을 받는 데는 다 이유가 있지요. 시대가 달라져도 변하지 않는 '진리'를 담고 있기 때문입니다.

이 책은 어떤 진리를 담고 있을까요? 인간관계에서 변하지 않는 진리를 이해하려면 먼저 '인간'이 어떤 존재인지 알아야 합니다. 데일 카네기는 바로 이 점을 정확히 포착했습니다. 인간은 '중요한 존재'가 되고 싶은 욕망으로 가득합니다. 다른 사람에게는 관심이 없고 오직 자기 자신에게만 관심이 많습니다. 언뜻 보면 이

성적인 것 같지만 감정과 편견에 휩싸여 있고 자존심이 강합니다. 너무 인간을 적나라하게 표현했나요? 하지만 이것이 인간의 본래 모습이라고 데일 카네기는 말합니다.

여기서 바로 카네기의 진수가 드러나지요. 카네기는 성공적인 인간관계를 위해서는 이러한 인간의 욕망을 지혜롭게 이용해야 한다고 제안합니다. 상대방이 중요한 존재라고 인정해 주면서 나를 좋아하게 만들고, 상대방의 관심사에 같이 관심을 가져 주면서 나의 생각을 설득시키고, 상대방의 감정을 공감해 주면서 상대방의 잘못을 바로잡는 것이지요.

이 책은 학교에서 배우는 도덕 교과서와는 다릅니다. 올바르고 착한 사람이 되기 위해 읽어야 할 참고서가 아닙니다. 그보다는 복잡다단한 현대 사회에서 인간관계에 실패하지 않고 성공하기 위해 읽어야 할 지침서입니다. 원래 이 책은 경영자나 비즈니스맨을 대상으로 쓴 자기계발서였습니다. 그렇다면 '청소년을 위해서도' 카네기의 인간관계론 책이 필요할까요?

『데일 카네기 인간관계론』 머리말에는 이런 이야기가 나옵니다. 미국에서 설문 조사를 한 결과, 성인이 가장 관심을 갖는 주제 첫 번째는 건강이고, 두 번째는 인간관계라고 합니다. 그렇다면 청소년들에게 가장 관심 있는 주제는 무엇일까요? 아마도 첫 번째는 공부나 진로일 것이고, 두 번째는 역시 인간관계일 것입니다.

앞서 말했듯이 인간은 욕망의 동물입니다. 이 욕망, 특히 인정받고자 하는 욕망은 성인에게만 있는 것이 아니지요. 인간이라면 남녀노소 누구나 가지고 있습니다. 따라서 사람이라면 모두에게 카네기의 인간관계론이 적용될 수 있습니다. 다만 '버전'의 문제입니다. 『10대를 위한 데일 카네기 인간관계론』은 청소년 독자의 눈높이에 맞춰 재구성한 책입니다.

데일 카네기의 책은 수많은 예화와 예시를 든 것이 특징입니다. 이 특징을 잘 살려, 청소년이 읽기에 어렵거나 불편한 경우를 제외하고는 대부분의 예화와 예시를 원서에서 그대로 가져왔습니다. 다만 내용을 이해하기 편하도록 각색하거나 문장을 읽기 쉽게 고쳤습니다. 중간중간 등장하는 주요 인물이나 사건 등은 따로 보충 설명을 해 두었지요.

카네기 책은 국내 독자들이 영어 원서로도 많이 읽습니다. 그만큼 영어로 읽기 용이하고 독해 공부에도 큰 도움이 되기 때문입니다. 이 책에서도 청소년 여러분의 영어 공부에 도움이 되길 바라며 본문에 주옥같은 구절 옆에 영어 원문도 같이 실었습니다.

이 책은 인간관계의 법칙 총 30가지를 정리해 30개의 장에 걸쳐 소개하고 있습니다. 각 장 마지막에는 주요 메시지를 한 눈에 볼 수 있도록 '핵심정리'를 따로 담았고, 여러분이 이 책에서 배운 인간관계의 법칙을 실제로 적용해 볼 수 있도록 '실천하기' 코너도 마련해 두었습니다.

청소년 시기는 무엇이든 시도해 볼 수 있는 가장 안전한 시기라고 생각합니다. 얼마든지 실수해도 좋고 실패해도 좋습니다. 인간관계도 마찬가지입니다. 이 책이 부제의 표현처럼 '세상에 나가기 전에' 인간관계를 연습하고 경험해 볼 수 있는 자유로운 실험실이 되길 바랍니다. 여기서 '세상'은 여러분이 지금 생활하고 있는 학교나 가정과 같은 장소일 수도 있고, 앞으로 어른이 되어 살아가야 할 더 넓은 사회일 수도 있습니다.

아무쪼록 학교에서도 가정에서도 배울 수 없는 인간관계의 지혜를 이 책을 통해 마음껏 배우는 기회를 가져 보길 바랍니다.

"하버드 대학 4년보다
더 많은 것을 배웠다!"

제가 왜 이 책을 쓰게 되었고 어떤 방식으로 썼는지 여러분에게
이야기하려고 합니다.

저는 1912년 뉴욕에서 '사람들 앞에서 말을 잘하는 법'을 가르
치는 수업을 열었습니다. 그런데 수업이 반복될수록 학생들에게
말하기 방법만큼이나 사람들과 잘 지내는 방법, 즉 인간관계를 가
르치는 교육이 필요하다는 사실을 절실히 깨닫게 되었습니다. 저
스스로에게도 이러한 훈련이 필요하다고 생각했고요. 이와 같은
책을 20년 전에 제가 읽었다면 얼마나 좋았을까요! 아마도 엄청
난 도움을 받았을 것입니다.

우리가 살아가면서 인간관계만큼 중요한 일도 없습니다. 회사
를 경영하거나 사회생활을 하는 사람들도 그렇지만, 예비 사회라

고 할 수 있는 학교에서 공부하는 학생들에게도 인간관계를 배우는 일은 어떤 공부보다 중요합니다.

카네기재단에서 후원하는 교사 발전 프로그램과 카네기 공과대학에서 어느 연구를 진행했는데 그 결과가 아주 의미심장했습니다. 엔지니어링 같은 분야에서도 전문 기술이나 지식은 금전적 성공에 15퍼센트 정도만 기여하고, 나머지 85퍼센트는 인간관계 능력, 다시 말해 자신의 생각을 표현하는 능력, 사람들의 열정을 불러일으키는 능력, 다른 사람을 이끄는 리더십 등에 달려 있다고 합니다.

그렇다면 여러분은 이처럼 중요한 인간관계 능력을 계발하는 수업이 미국의 모든 대학에 개설되어 있을 것이라고 생각할 수도 있습니다. 하지만 이 글을 쓰고 있는 현재, 이런 수업이 개설되어 있는 학교가 있다는 이야기는 아직 들어 보지 못했습니다.

시카고 대학과 YMCA 연합학교는 성인들이 진짜 배우고 싶은 것이 무엇인지 설문 조사를 했습니다. 이 조사 결과에 따르면, 가장 큰 관심사는 건강이었고, 그다음이 인간관계였습니다. 어떻게 다른 사람들을 잘 이해하고 좋은 인간관계를 맺을 수 있을까? 어떻게 사람들이 나를 좋아하게 만들 수 있을까? 어떻게 다른 사람들을 설득하고 변화시킬 수 있을까? 등등.

하지만 당시에는 이런 필요를 충분히 채워 줄 만한 책이 단 한 권도 없었습니다. 그래서 카네기 수업에서 사용할 책을 직접 써야겠다고 마음먹었지요. 저는 최초의 인간관계 자기계발서인 이 책을 준비하는 데 심혈을 기울였습니다. 심리학 도서, 철학 도서, 법원 기록, 잡지 기사, 전기문 등 책의 주제와 관련된 모든 자료를 샅샅이 읽었습니다. 정치인, 경영인, 영화배우, 발명가, 탐험가 등 자기 분야에서 성공한 사람들 수십 명을 개인적으로 인터뷰해 인간관계에서 사용하는 방법들을 알아냈습니다.

이 모든 자료를 가지고 '친구를 만들고 사람들을 설득하는 방법'이라는 수업도 만들었습니다. 저는 이 수업에서 놀라운 실험을 진행했습니다. 일종의 인간관계 실험이었지요. 수강생들에게 강의를 듣고 배운 원리를 실생활에서 실험해보고 그 결과를 알려 달라고 했습니다. 수강생들은 스스로 변화하는 자신의 모습을 확인했을 뿐만 아니라, 강의를 진행하는 저도 이들의 피드백을 들으며 이론을 조금 더 정교하게 다듬어서 완성도 높은 '인간관계론'을 만들어 나갔습니다.

15년 동안 진행한 무수한 연구와 실험의 결과물이 바로 이 책입니다. 막연한 이론이나 추측이 아니라, 이 책에서 제시하는 원리를 통해 수많은 사람의 인생이 실제로 뿌리째 바뀌었습니다. 그들은 예전보다 훨씬 더 성공적인 삶을 살고 있고 더 큰 행복감을 누리고 있습니다. 수강생 중 한 명은 하버드 대학 졸업생이었는데 카네기 인간관계 수업에서 14주 동안 배운 내용이 하버드 대학 4년 동안 배운 것보다 훨씬 더 많다고 말할 정도였습니다.

하버드 대학의 윌리엄 제임스 교수는 이렇게 말했습니다. "우리가 될 수 있는 모습과 비교하면, 우리는 단지 절반만 깨어 있는 상태다. 우리는 우리가 가진 신체적, 정신적 자원의 일부만 사용하고 있다. 쉽게 말해, 인간 개개인은 자신의 한계에 훨씬 못 미치며 살아간다. 다양한 능력을 가지고 있지만 습관적으로 사용하지 않는 것이다."

우리는 자신이 가진 능력 중에 일부만 쓰고 있다고 말합니다. 인간은 다양한 능력을 가지고 있지만 습관적으로 그 능력을 사용하지 않는다는 것이죠. 이 책은 여러분이 습관적으로 사용하지 않는 그 잠재 능력을 발견하고 계발하고 활용함으로써 유익을 얻을 수 있도록 도울 것입니다.

마지막으로 이 책을 잘 활용하기 위한 9가지 방법을 제시하며 머리말을 마치고자 합니다.

1. 인간관계의 법칙을 내 것으로 만들고자 하는 적극적인 마음을 갖자.
2. 각 장마다 최소한 두 번 이상 읽고 다음 장으로 넘어가자.
3. 이 책에서 제시하는 제안을 스스로에게 어떻게 적용할지 생각해 보자.
4. 중요한 내용에는 모두 밑줄을 긋자.
5. 매달 한 번씩 이 책을 읽자.

6. 기회가 될 때마다 책에서 배운 법칙을 실생활에 적용하자.

7. 마치 게임처럼 법칙을 지키지 못할 때마다 벌칙을 부과하자.

8. 매주 여러분이 얼마나 발전했는지 점검하자.

9. 이 책에서 제시하는 법칙을 언제 어떻게 적용했는지 매번 기록하자.

데일 카네기

차례

1부
인간관계의 핵심 원리 3가지

2부

상대방이 나를 좋아하게 만드는 방법 6가지

3부

상대방을 설득하는 방법 12가지

4부

상대방을 변화시키는 방법 9가지

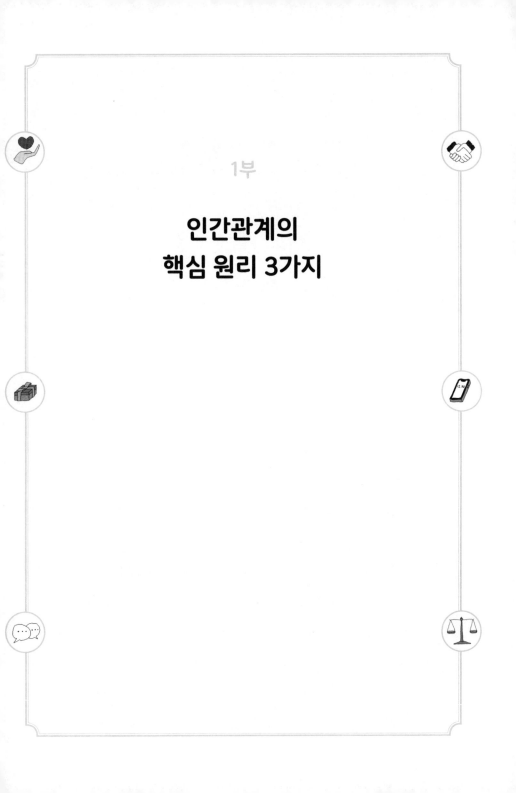

1부

인간관계의
핵심 원리 3가지

1장

비판하거나 비난하거나 불평하지 말자

Don't criticize, condemn or complain

비난은 아무런 쓸모도 없다

1931년 5월 7일, 뉴욕에서는 범인 검거 작전이 한창 벌어지고 있었습니다. 2주 동안 수색한 끝에 '쌍권총 크롤리'라고 불리는 살인마가 어느 아파트에서 포위되었지요. 경찰 병력이 150명이나 동원되었습니다. 경찰은 최루탄을 터뜨리며 한 시간 넘게 살인마와 총격전을 벌였는데요. 뉴욕 한복판에서 이런 일이 벌어진 적은 단 한 번도 없었답니다.

결국 살인마 크롤리는 체포되었습니다. 경찰국장은 이 쌍권총 무법자가 별일 아닌 일로도 사람들을 마구 죽이는 위험한 범죄자라고 말했습니다. 하지만 크롤리 자신도 스스로를 그렇게 생각했을까요? 그는 총격전이 벌어지는 와중에도 "관계자 여러분에게"라고 시작하는 편지에 이렇게 적었습니다. "내 마음은 많이 지쳐 있습니다. 하지만 따뜻한 마음을 가진 나는 누구에게도 해를 끼치고 싶지 않아요." 크롤리는 뉴욕 싱싱 교도소에서 처형당할 때도 "살인의 대가가 이런 거구나"라고 말하지 않고 "내가 나를 지키려 한 대가가 이런 거구나"라고 말했다고 합니다. 이 살인마는 자신의 범죄에 아무런 죄책감도 느끼지 못했던 거죠.

악명 높은 싱싱 교도소에서 소장으로 일하는 로즈는 말합니다. "이 교도소에 수감된 범죄자 중 스스로를 나쁜 사람이라고 생각하는 사람은 거의 없습니다. 자신을 합리화하고 변명하기에 바쁘죠. 왜 금고를 털 수밖에 없었고, 왜 방아쇠를 당길 수밖에 없었는지 충분한 이유를 갖다 댑니다. 억지 논리를 내세워 자신을 합리화하면서 억울하게 감옥에 갇혔다고 생각하는 겁니다."

그렇다면 범죄자들만 이런 생각을 할까요? 우리 주변의 이웃들은 어떨까요? 자기 이름을 따서 백화점을 세운 존 워너메이커 라는 성공한 기업가가 있습니다. 그는 이렇게 고백합니다. "나는 이미 30년 전에 다른 사람을 비난하는 일이 얼마나 어리석은지 깨달았다. 사람들은 아무리 큰 잘못을 저질러도 100명 중 99명은 자신의 잘못을 인정하지 않는다." 비난은 아무런 쓸모가 없습니다. 오히려 상대방이 자기를 방어하게 만들고 스스로를 정당화하

존 워너메이커(1838~1922)는 미국 최초의 백화점인 존 워너메이커 백화점을 설립한 기업가다. 미국 체신부 장관에 임명되기도 했으며, 교육, 위생, 구제 사업에도 힘을 기울인 박애주의자이기도 하다.

게 만듭니다. 게다가 비난은 위험한 무기가 되어 자존심에 심각한 상처를 입히고 자존감을 무너뜨리며 반발심을 일으킬 뿐입니다. (Criticism is futile because it puts a person on the defensive and usually makes him strive to justify himself. Criticism is dangerous, because it wounds a person's precious pride, hurts his sense of importance, and arouses resentment.)

유명한 심리학자 B. F. 스키너'는 실험을 통해 잘한 일로 칭찬을 받은 동물이 잘못한 일로 벌을 받은 동물보다 훨씬 빠르고 효과적으로 학습한다는 사실을 밝혀냈습니다. 이후의 연구들을 통해 이 결과는 인간에게도 똑같이 적용된다는 사실을 입증했죠.

어느 기술 회사의 안전 담당관인 조지 존스톤이라는 사람이 있었습니다. 그가 맡은 일 중 하나는 직원들이 현장에서 안전모를 잘 쓰고 있는지 감독하는 것이었어요. 안전모를 쓰고 있지 않은 직원을 발견하면 득달같이 달려가 "당장 안전모를 쓰게! 왜 규칙을 어기나?"라며 혼쭐을 냈습니다. 하지만 직원들은 그의 말을 듣는 척하다가 그가 자리를 떠나면 안전모를 냅다 벗어버렸습니다.

안전 담당관은 고민 끝에 다른 방법을 써 보기로 했습니다. 안전모를 쓰지 않은 직원을 보면 이렇게 말했습니다. "자네, 안전모가 불편한가? 머리에 잘 맞지 않으면 언제든 말하게. 잘 맞는 것으

B. F. 스키너(1904~1990)는 미국의 행동주의 심리학자다. 동물 행동을 연구하기 위해 사용하는 실험 장치인 '스키너 상자'가 유명하다. 인간의 행동을 자극을 주면 반응하는 관계로 설명하려고 했다.

로 바꿔 줄 테니. 회사에서 안전모를 쓰라고 하는 건 자네가 머리를 다치지 않게 보호하기 위한 것이네." 그 후로는 직원들도 불만 없이 안전모를 잘 썼다고 합니다.

어떤 비난도 좋은 결과를 가져올 수는 없습니다. 오히려 잘못을 저지른 사람은 자신 외에 다른 모든 사람에게 잘못의 원인을 돌립니다. 누구나 마찬가지예요. 그것이 인간의 본성이기 때문이죠. 비난은 귀소본능을 가진 비둘기와 같다는 사실을 알아야 합니다. 비난은 언제나 다시 돌아옵니다. 우리가 바로잡거나 비난하려는 사람은 스스로를 정당화할 뿐만 아니라, 오히려 우리에게 비난을 퍼부을 수도 있습니다. (Let's realize that criticisms are like homing pigeons. They always return home. Let's realize that the person we are going to correct and condemn will probably justify himself or herself, and condemn us in return.)

링컨의 인간관계 성공 비결

1865년 4월 15일 토요일 아침이었습니다. 포드 극장에서 연극을 관람하던 에이브러햄 링컨* 미국 대통령이 총에 맞았습니다. 범인은 존 윌크스 부스라는 사람이었지요. 링컨은 길 건너편 싸구려 하숙집 문간방으로 급히 옮겨졌습니다. 침대에 누워 싸늘하게 죽어 가는 링컨을 바라보던 스탠턴 국방장관은 이렇게 말했다고 합니다. "세상에서 가장 완벽하게 사람들의 마음을 이끈 지도자가 여기에 누워 계시네."

링컨이 사람들의 마음을 이끄는 데 성공한 비결은 무엇이었을까요? 저는 10년 동안 링컨의 생애를 연구했고, 3년에 걸쳐 『알려지지 않은 링컨(Lincoln The Unknown)』이라는 책을 썼습니다. 특히 링컨의 인간관계 방법에 관심을 가졌죠.

링컨도 원래는 다른 사람을 비난하는 걸 좋아하던 사람이었습니다. 젊은 시절에는 누군가를 비판하고 조롱하는 편지나 시를 써서 사람들 눈에 잘 띄는 길가에 놓아 둘 정도였다고 하네요. 일리노이주 스프링필드에서 변호사가 된 뒤에도 신문에 글을 투고해 상대방을 공격했는데, 일이 너무 커져 말썽이 된 적이 있습니다.

1842년 어느 가을날, 링컨은 제임스 쉴즈라는 정치인을 조롱하는 글을 『스프링필드 저널』에 익명으로 투고했습니다. 허세가 심하고 남에게 시비를 잘 거는 그 인간이 꼴 보기 싫었던 거예요. 자존심 세고 예민한 쉴즈는 머리끝까지 화가 나 글을 쓴 사람을 당장 찾아냈습니다. 말을 타고 곧장 링컨을 찾아온 쉴즈는 한판 맞붙어 싸우자며 결투를 신청했습니다. 링컨은 본래 싸움을 좋아하지 않는 성격이었지만 자신의 명예가 걸린 문제라 피할 수도 없는 노

> 에이브러햄 링컨(1809~1865)은 미국의 제16대 대통령이다. 남북 전쟁 때 북군의 승리를 이끌며 노예 해방을 이루었다. 게티즈버그 연설 중 '국민에 의한, 국민을 위한, 국민의 정부'라는 명언을 남겼다.

룻이었습니다. 두 사람이 미시시피강 모래사장에서 목숨을 건 결투를 벌이려 한 순간, 주변 사람들이 말리는 바람에 다행히 싸움은 더 커지지 않았습니다.

　이 일은 링컨의 생애에서 가장 끔찍한 사건으로 남았습니다. 이 사건을 계기로 링컨은 인간관계에 관한 귀중한 교훈을 얻었는데요. 다시는 남을 조롱하는 글을 쓰거나 비난하는 말을 하지 않았습니다. "다른 사람에게 비난을 받고 싶지 않다면 처음부터 다른 사람을 비난하지 말자. (Judge not, that you are not judged.)" 링컨은 이 말을 항상 가슴에 새겼답니다. 그렇다면 실제로 링컨에게는 다른 사람을 비난할 상황이 별로 없었을까요? 아니요, 그렇지 않습니다. 누구보다도 다른 사람을 비난할 수밖에 없는 상황이 많이 벌어졌습니다.

　1863년 7월 1일부터 게티즈버그 전투*가 사흘째 계속되고 있었습니다. 이 전투는 미국 남북 전쟁에서 가장 치열한 격전이었죠. 7월 4일 밤 게티즈버그에 폭풍우가 몰아치자 로버트 E. 리 장군이 이끄는 남부군은 남쪽으로 후퇴하기 시작했습니다. 패잔병이나 다름없는 군대를 이끌고 포토맥 강에 도달했습니다. 하지만 강물이 너무 불어나 건널 수 없었어요. 북부군에게는 남부군을 전멸시킬 절호의 기회였죠. 링컨은 북부군을 이끄는 미드 장군에게 당장

* 게티즈버그 전투(1863)는 미국 남북 전쟁 때 벌어진 가장 대표적인 전투였다. 전쟁에서 열세였던 북부군이 이 전투에서 승리하면서 전쟁의 양상이 역전되는 전환점을 맞게 되었다.

남부군을 공격하라는 명령을 내렸습니다.

하지만 미드 장군은 명령을 어기고 전략회의를 소집했습니다. 그는 망설이며 시간을 끌었던 거예요. 이런저런 핑계를 대며 공격 명령을 거부했습니다. 그사이에 강물은 줄어들고 리 장군이 이끄는 남부군은 무사히 강을 건너 도망칠 수 있었습니다.

이 소식을 들은 링컨은 벌컥 화를 내며 옆에 있던 아들 로버트에게 고래고래 소리를 질렀습니다. "이게 도대체 뭐 하는 짓이야? 적군을 다 잡아 놓고서 왜 내 명령을 어긴 거냔 말이야! 아무리 무능한 장군이라도 충분히 남부군을 이겼을 텐데!"

깊이 실망한 링컨은 미드 장군에게 편지를 썼습니다.

미드 장군에게

이번에 남부군을 놓친 게 얼마나 큰 불행인지 알고 있습니까? 조금만 더 밀어붙였어도 이 전쟁은 우리의 승리로 끝났을 것입니다. 이번 전투도 제대로 수행하지 못했는데 앞으로 어떤 전투를 제대로 감당할 수 있겠습니까? 장군이 부대를 효율적으로 통솔할 수 있을지 심히 의심스럽습니다. 절호의 기회를 놓친 것 때문에 내 마음은 이루 말할 수 없을 정도로 괴롭습니다.

이 편지를 읽은 미드 장군의 마음은 어땠을까요? 그런데 미드 장군은 편지를 보지 못했습니다. 링컨이 편지를 보내지 않았기 때문입니다. 이 편지는 링컨이 죽은 다음 그의 서류함에서 발견되었다고 합니다.

저는 링컨이 편지를 쓰고 나서 혼자 이렇게 중얼거렸을 거라고 상상해 보았습니다. "잠깐, 이 편지를 보내는 게 잘하는 일일까? 여기 조용한 백악관에 편히 앉아 공격 명령을 내리는 건 쉬운 일이지. 하지만 내가 게티즈버그 전투 현장에 있었다면 어땠을까? 미드 장군처럼 피 흘리며 부상당하고 죽어 가는 병사들의 처참한 광경을 지켜봤다면 어땠을까? 나도 당장 공격하고 싶은 생각이 안 들었을 거야. 편지를 보내면 언짢은 내 마음이야 조금은 풀리겠지만, 미드 장군은 스스로를 정당화하느라 애쓰겠지. 그리고 편지를 보낸 나를 비난할 거야. 장군이 나에게 반감을 가지면 사령관직을 제대로 수행할 수도 없을 테고 얼마 있지 않아 자리에서 물러나고 말 거야."

링컨은 이런 생각으로 편지를 보내지 않고 서랍 속에 넣어 두었을 거예요. 지난날의 쓰라린 경험을 통해 남을 비난하고 질책해 봤자 좋은 결과로 돌아오지 않는다는 사실을 뼈저리게 알고 있던 것입니다.

주변에 누군가 변화시키거나 개선시키고 싶은 사람이 있나요? 물론, 그렇게 해도 좋습니다. 저도 찬성이에요. 하지만 그러기 전에 한번 생각해볼까요? 다른 사람을 변화시키기에 앞서 내가 먼저 변화하는 건 어떨까요? 순전히 이기적인 관점으로 봐도, 내가 바뀌는 것이 남을 바꾸는 것보다 훨씬 덜 고생스럽습니다. 게다가 덜 위험하기도 하고요.

누군가의 결점을 지적하기 전에 일단 자신이 먼저 완벽한 사람이 되어야 합니다. 중국의 위대한 철학자 공자*도 이런 말을 했답니다. "내 집 앞도 더러운 주제에 남의 집 지붕에 눈 쌓인 것을 함부로 지적하지 말라."

저는 젊었을 때 사람들에게 강한 인상을 남기고 싶어 했습니다. 허세를 부린 거죠. 그러다가 어리석은 짓을 저지르고 말았습니다. 저는 문학잡지 편집자로 일하고 있었는데, 리처드 하딩 데이비스라는 중견 작가에게 작가 소개 글을 부탁하는 편지를 보냈습니다. 그런데 이 편지를 보내기 몇 주 전에 누군가에게 받은 편지에 다음과 같은 문구가 적혀 있었습니다. "이 편지는 구술을 받아 적은 글이고 따로 교정을 보지는 않았음." 이 문구를 보자마자 편지를 쓴

* 공자(B.C.551~B.C.479)는 중국 춘추 시대의 사상가이자 유교의 창시자다. 인(仁)을 정치와 윤리의 이상으로 여겼다. 제자들은 공자의 가르침을 모아 『논어』라는 책을 남겼다.

사람이 아주 바쁜 유명 인사라는 생각이 들었습니다. 그래서 저도 데이비스에게 보낸 편지에 똑같이 "구술을 받아 적은 글이고 따로 교정을 보지는 않았음"이라고 적었죠.

데이비스는 따로 시간을 내 답장을 써주지 않았습니다. 대신 내가 보낸 편지 아래에 이렇게 휘갈겨 썼어요. "당신처럼 무례한 사람은 난생처음 보네." 저는 이런 비난을 받아 마땅했습니다. 하지만 저도 사람인지라 반감이 생기지 않을 수 없었죠. 10년 후 데이비스가 작고했다는 소식을 들었을 때 가장 먼저 떠오른 생각은 10년 전에 받은 마음의 상처였으니까요.

사람들을 대할 때 상대방이 논리의 동물이라고 생각하면 안 됩니다. 상대방은 감정의 동물이라 편견으로 가득 차 있고 자존심과 허영심에 따라 움직인다는 사실을 명심해야 합니다. (When dealing with people, let us remember we are not dealing with creatures of logic. We are dealing with creatures of emotion, creatures bristling with prejudices and motivated by pride and vanity.) 비난은 위험한 불꽃과 같습니다. 비난은 자존심이라는 화약고에 폭발을 일으킬 수 있어요. 이 폭발 때문에 심각하면 사람의 수명이 줄어들기도 합니다.

미국의 정치가인 벤저민 프랭클린은 어린 시절에는 눈치도 없고 별로 사교적이지도 않았다고 해요. 하지만 나중에는 능수능란한 외교술을 구사하는 인물이 되어 프랑스 주재 미국 대사까지 역임했지요. 누군가 그에게 성공 비결을 묻자 이렇게 대답했습니다. "저는 다른 사람을 절대 험담하지 않습니다. 어떤 사람이든 그만의 장점을 찾아내 칭찬합니다."

바보도 다른 사람을 비판하고 비난하고 불평하는 일을 할 수 있습니다. 사실 대부분의 바보들이 그런 짓을 하고 있지만요. 그러나 성품이 훌륭하고 자제력을 가진 사람은 타인을 이해하고 용서합니다. 영국의 역사가 토머스 칼라일은 "위인의 위대함은 평범한 사람을 대하는 태도에서 드러난다"라고 말했습니다.

상대방을 비난하기에 앞서 이해하려고 노력해 봅시다. 왜 그런 행동을 보이는지 천천히 생각해 보자고요. 그것이 비난보다 더 유익하고 흥미로운 일이 될 겁니다. 이렇게 할 때 우리는 다른 사람에게 공감하고 관용을 베풀고 친절한 사람이 될 수 있습니다. 모든 것을 알게 되면 모든 것을 용서하게 됩니다. (Instead of condemning people, let's try to understand them. Let's try to figure out why they do what they do. That's a lot more profitable and intriguing than criticism, and it breeds sympathy, tolerance and kindness. To know all is to forgive all.)

영국의 대문호 새뮤얼 존슨은 "신도 죽기 전까지는 사람을 판단하지 않으신다"라고 말했습니다. 신도 그렇게 하시는데 우리가 감히 그렇게 해서야 될까요.

핵심정리

1. 비난은 아무 쓸모도 없다. 오히려 반발심만 불러일으킬 뿐이다.
2. 다른 사람에게 퍼부은 비난은 언젠가 반드시 나에게 되돌아온다.
3. 비난하기에 앞서 상대방이 왜 그런 행동을 했는지 이해해 보자.

실천하기

여러분의 친구나 가족이 잘못된 말이나 행동을 했을 때 그것을 비난하기 전 1분 정도 잠깐 생각해 봅시다. 그 사람이 왜 그런 말이나 행동을 하게 되었을까요? 상대방을 이해하려고 노력해 보세요.

2장

솔직하게 진심으로 칭찬하자
Give honest and sincere appreciation

인정받고 싶은 욕망

다른 사람에게 어떤 일을 하도록 설득하는 방법은 세상에 단 하나밖에 없습니다. 바로 그 일을 하고 싶도록 만드는 거예요. 누군가를 권총으로 위협해 물건을 내놓게 하거나 직원에게 해고하겠다고 협박해 협조하게 만들 수는 있습니다. 부모라면 아이에게 매를 들어 원하는 걸 얻을지도 모르고요. 하지만 이런 방법은 결국에 바람직하지 못한 결과를 낳게 됩니다.

사람을 설득해 마음을 얻는 유일한 방법은 바로 그 사람이 원하는 것을 제공하는 것입니다. (The only way I can get you to do anything is by giving you what you want.) 그렇다면 사람들은 무엇을 원할까요?

오스트리아의 정신분석학자인 지그문트 프로이트*는 사람들의 모든 행동에는 두 가지 동기가 있다고 말합니다. 하나는 성적 충동이고, 다른 하나는 '위대한 사람이 되고 싶은 욕망'입니다. 미국의 철학자 존 듀이는 프로이트의 말을 조금 다르게 표현했죠. 듀이는 인간의 가장 깊은 충동을 '인정받고 싶은 욕망'이라고 말했습니다. 대부분의 사람들이 원하는 것을 다음과 같이 몇 가지로 정리할 수 있습니다.

1. 건강
2. 음식
3. 잠
4. 돈
5. 내세의 삶
6. 성적인 만족
7. 자녀의 행복
8. 인정받는다는 느낌

* 지그문트 프로이트(1856~1939)는 오스트리아의 신경과 의사이자 정신분석의 창시자이다. 인간의 마음 깊숙한 곳에 존재하는 무의식이 인간의 행동과 정서를 규정한다고 주장했다.

위의 욕망들은 살면서 대부분 충족됩니다. 하지만 그중에 좀처럼 충족되지 않는 욕망이 하나 있어요. 프로이트의 표현을 빌리면 '위대한 사람이 되고 싶은 욕망'이고 듀이의 표현을 빌리면 '인정받고 싶은 욕망'입니다.

미국의 철학자 윌리엄 제임스*도 인간의 본성 가장 깊숙한 곳에 있는 것이 바로 "인정받고자 하는 갈망"이라고 말했습니다. 여기서 단순히 '소망'이나 '소원'이 아니라 '갈망'이라고 표현했다는 점에 주목해 보세요. 인간의 가장 원초적이면서도 영원히 변하지 않는 갈망입니다. 이 심적인 굶주림을 채워 줄 수 있는 소수의 사람만이 다른 사람들을 자신이 원하는 대로 다룰 수 있답니다.

인정받고 싶은 욕망은 인간과 동물을 구분 짓는 중요한 차이점이에요. 제가 어릴 때 아버지는 돼지와 소를 사육하는 농장을 운영했습니다. 아버지는 지역 축제나 품평회에서 가축을 출품해 수십 차례 1등상을 받았어요. 아버지는 상으로 받은 파란색 리본을 늘 손님들에게 자랑했지만, 소나 돼지는 자신이 받은 리본에 아무 관심도 없었죠. 우리 조상들이 인정받고 싶은 욕망이 없었다면 인류 문명은 아예 존재하지도 않았을 거예요. 우리는 동물과 다를 바 없이 살았겠죠.

소설가 찰스 디킨스가 불멸의 걸작을 남긴 것도, 건축가 크리스토퍼 랜이 위대한 석조 건축을 설계한 것도, 기업가 록펠러가 평생 쓰지도 못할 돈을 모은 것도 모두 인정받고 싶은 욕망 때문입니다. 부자들이 필요 이상으로 큰 저택이나 고급 아파트에 사는 것

• 윌리엄 제임스(1842~1910)는 미국의 철학자이자 심리학자이다. 하버드 대학의 교수를 지냈다. '의식의 흐름'이라는 심리학 용어를 최초로 사용했고, 『심리학의 원리』, 『진리의 의미』 등의 저서를 남겼다.

도 마찬가지 이유에서고요.

　존 록펠러는 중국 베이징에 최신식 병원을 건립했습니다. 그는 만난 적도 없고 앞으로 볼 일도 없는 수백만 명의 가난한 사람들을 위해 돈을 기부함으로써 스스로를 중요한 사람이라고 느낀 거예요. 한편, 딜린저라는 사람은 길거리와 은행에서 강도짓을 하고 살인을 저지르면서 자신이 중요한 사람이라고 느꼈습니다. FBI 요원들이 그를 추적하자 "내가 바로 딜린저다!"라고 하면서 자신이 가장 유명한 공공의 적이 된 것에 자부심을 가졌습니다. 록펠러와 딜린저 모두 스스로 중요한 사람이라고 느꼈습니다. 다만 방식만 달랐을 뿐이죠.

　역사 속에서도 스스로 중요한 사람으로 인정받기 위해 애쓴 인물이 많습니다. 미국 초대 대통령인 조지 워싱턴은 사람들에게 '미합중국 대통령 각하'라고 불리길 원했고, 콜럼버스는 '해군 제독 겸 인도 총독'이라는 직함을 달라고 요청했습니다. 러시아의 여황제 예카테리나 2세는 '여왕 폐하'라는 칭호가 적혀 있지 않은 편지는 거들떠보지도 않았습니다. 백악관에서 링컨 부인은 그랜트 장군 부인에게 "내가 부르지도 않았는데 감히 내 앞에 앉아 있는 거예요?"라고 소리쳤다고 하네요.

　전문가들의 주장에 따르면, 사람들은 현실에서 중요한 사람이 되지 못하면 환상의 세계에서라도 인정받기 위해 정신이상을 보인다고 합니다. 미국에서 가장 유명한 정신병원 원장은 정신이상의 원인은 아무도 확실히 알 수 없다고 합니다. 다만, 정신이상을 겪고 있는 사람 중 대다수가 정신이상 상태에서 현실 세계에서는 얻지 못한 자신의 존재 가치를 느낀다고 합니다.

칭찬할 때 일어나는 기적

이처럼 어떤 사람들은 스스로 인정받는다고 느끼기 위해 정신이상까지 보일 정도라면, 정상인 사람들이 진심으로 인정받을 때 과연 어떤 기적이 일어날까요?

철강 회사 대표인 앤드루 카네기*는 찰스 슈와브에게 연봉 100만 달러를 지급했습니다. 슈와브가 천재였던 것일까요? 아니면 제철업의 최고 권위자였을까요? 둘 다 아닙니다. 슈와브는 저에게 자신보다 더 훌륭한 전문가가 많다고 고백한 적이 있습니다. 그럼에도 자신이 높은 연봉을 받는 것은 사람을 다루는 능력 덕분이라고 말했습니다. 제가 그 비결을 묻자 슈와브는 이렇게 말했습니다. 학생들은 영어나 수학 공부도 중요하겠지만 그의 말을 더 가슴 깊이 새기길 바랍니다.

"제가 가진 최고의 자산은 바로 사람들의 열정을 불러일으키는 능력입

* 앤드루 카네기(1835~1919)는 미국의 철강 기업인으로 카네기 철강 회사를 설립했다. 당시 세계 최고의 부자로서 '철강왕'이라는 별명을 얻었으며, 평생 동안 모은 재산의 4분의 3을 기부하기도 했다.

니다. 사람들의 능력을 최고로 끌어내는 방법은 다름 아닌 '칭찬'과 '격려'라고 생각합니다. (I consider my ability to arouse enthusiasm among my people, the greatest asset I possess and the way to develop the best that is in a person is by appreciation and encouragement.) 상사의 비난만큼 부하 직원의 의욕을 꺾는 것도 없습니다. 저는 아무도 비난하지 않습니다. 그보다는 직원들이 일할 동기를 부여해야 한다고 믿습니다. 그래서 늘 칭찬하고자 노력하고 결점은 찾지 않으려고 합니다. 저는 아낌없이 칭찬하고 인정하는 일을 정말 좋아합니다."

슈와브는 세계 각국의 훌륭한 사람들을 많이 만나 봤는데, 하나같이 비난보다는 인정을 받을 때 더 좋은 성과를 냈다고 말했습니다. 앤드루 카네기가 엄청난 성공을 거둔 비결도 여기에 있습니다. 카네기는 공적인 자리나 사적인 자리 가리지 않고 동료들에게 칭찬을 아끼지 않았습니다. 심지어 자신의 묘비에도 이렇게 칭찬을 남겼죠. "자신보다 총명한 사람들을 주위에 모을 줄 알았던 사람이 이곳에 영면하다."

존 록펠러도 진심에서 우러나오는 칭찬으로 사람들을 다루었습니다. 한 번은 이런 일이 있었어요. 그의 비즈니스 파트너인 에드워드 T. 베드포드라는 사람이 남미에서 물건을 잘못 구매하는 바람에 회사에 100만 달러의 손해가 났습니다. 베드포드가 충분히 비난받을 만한 상황이었어요. 하지만 록펠러는 그가 최선을 다했다는 사실을 잘 알고 있었습니다. 이미 엎질러진 물이기도 했고요. 그래서 오히려 칭찬할 이야기를 찾았답니다. "베드포드, 우리가 투자한 돈의 60퍼센트는 되찾아서 정말 다행이네. 아마 우리가 했다면 자네보다 잘하지 못했을 거야."

브로드웨이의 뛰어난 제작자 플로렌츠 지그펠트는 '평범한 여자아이를 스타덤에 올리는' 재주로 유명했습니다. 남들이 두 번 다시 쳐다보지도 않을 것 같은 아이라도 그의 손길을 거쳐 무대에 올리면 세상 누구보다도 매혹적인 여성으로 다시 태어났습니다. 지그펠트의 비결도 바로 칭찬과 인정이었지요. 그가 예의를 갖추고 배려할 때 여성들은 스스로를 아름답다고 느꼈습니다. 말로만 끝나지 않았어요. 모든 출연진에게 급여를 여섯 배 가까이 올려주었습니다. 공연이 시작할 때 주연 배우들에게는 축하의 인사말을 보냈고, 모든 코러스 가수들에게는 장미 꽃다발을 선사했답니다.

칭찬과 아첨은 어떻게 다를까?

어떤 독자는 여기까지 읽다가 이렇게 말할지도 모르겠습니다. "그럼 다른 사람에게 아첨이나 아부를 하란 말인가요?" 물론 제가 여기서 말하는 건 아첨이 아니에요. 아첨은 거짓 칭찬입니다. 현명한 사람들은 진짜 칭찬과 거짓 칭찬을 쉽게 구별합니다. 하지만 칭찬에 너무나도 굶주린 사람들은 그것이 진짜 칭찬이 아닌 아첨이라도 무조건 좋아하죠.

므디바니 형제는 여러 번 결혼한 것으로 유명합니다. 그것도 영화배우, 오페라 가수, 재벌 상속녀 등 당대 최고의 여성들이 그에게 매료되었습니다. 이른바 '왕자'로 불리던 이들은 어떻게 여성들의 인기를 한 몸에 받을 수 있었을까요? 뛰어난 예술가이자 사교계의 마당발인 폴라 네그리가 그 이유를 밝힌 적이 있습니다. "므디바니 형제는 내가 만난 어떤 남자들보다 아첨을 잘해요. 그것이 제가 보기에는 여자들이 그 형제에게 매력을 느낀 주된 이유예요."

하지만 아첨은 결국 얻는 것보다 잃는 것이 더 많습니다. 아첨은 진짜가 아닌 가짜이기 때문에 마치 위조지폐처럼 누군가에게 건넸을 때 언젠가는 문제가 생깁니다.

그렇다면 칭찬과 아첨은 어떻게 다를까요? 둘 사이의 차이점은 단순합니다. 칭찬은 진심이 담겨 있고, 아첨은 진심이 담겨 있지 않습니다. 칭찬은 마음 깊숙한 곳에서 나오고, 아첨은 입에서만 나옵니다. 칭찬은 이기적이지 않지만, 아첨은 이기적이고요. 칭찬은 모든 사람이 환영하지만, 아첨은 모든 사람이 비난합니다. (The difference between appreciation and flattery? That is simple. One is sincere and the other insincere. One comes from the heart out; the other from the teeth out. One is unselfish; the other selfish. One is universally admired; the other universally condemned.)

얼마 전 멕시코시티 차풀테펙 궁전에서 오브레곤 장군의 흉상을 본 적이 있습니다. 흉상 아래에는 오브레곤 장군의 좌우명이 다음과 같이 적혀 있었어요. "당신을 공격하는 원수를 두려워하지 말고, 당신에게 아첨하는 친구를 두려워하라." 영국 왕 조지 5세도 버킹엄 궁전 서재에 격언을 적어 놓았는데, 그중 하나는 이겁니다. "싸구려 칭찬은 하지도 말고 받지도 말자." 여기서 말하는 싸구려 칭찬이 바로 아첨이에요.

아첨은 그 사람이 듣고 싶어 하는 말을 그대로 해 주는 것입니다. 아첨으로 모든 문제가 해결될 수 있다면, 누구나 아첨꾼이 되었을 것이고 누구나 인간관계의 달인이 되었을지도 몰라요. 하지만 세상은 그렇게 호락호락하지 않답니다.

우리는 특정한 일을 생각하지 않는 이상, 대부분 95퍼센트는 자기 자신에 대해 생각하며 보냅니다. 이제 잠시 자신에 대한 생각은 멈추고 다른 사람의 장점을 눈여겨보세요. 그러면 마음이 아닌 입에서 나오는 싸구려 아첨에 의지하지 않아도 됩니다.

위대한 사상가 랄프 왈도 에머슨은 이렇게 말했습니다. "내가 만난 모든 사람은 나보다 나은 점이 적어도 하나 이상은 있다. 그러므로 나는 모든 사람에게 배울 수 있다." 에머슨 같은 철학자도 이렇게 말하는데 평범한 우리는 더 이상 무슨 말이 필요할까요.

이제 자기 자신에게만 관심을 갖지 말고 다른 사람의 장점을 찾으려고 노력해 보세요. 가짜 칭찬인 아첨은 잊어버리세요. 상대방을 진심으로 칭찬하고 인정합시다. 그러면 그 사람도 여러분의 칭찬을 평생 가슴 깊이 소중하게 간직할 거예요. (Let's cease thinking of our accomplishments, our wants. Let's try to figure out the other person's good points. Then forget flattery. Give honest, sincere appreciation. Be "hearty in your approbation and lavish in your praise," and people will cherish your words and treasure them and repeat them over a lifetime.)

핵심정리

1. 사람은 누구나 인정받고 싶은 욕망을 가지고 있다.

2. 다른 사람의 능력을 최고로 끌어내는 방법은 '칭찬'과 '격려'다.

3. 아첨은 가짜 칭찬이다. 상대방을 진심으로 칭찬하고 인정하자.

💜 실천하기

상대방에게 진짜 칭찬을 하려면 그 사람의 장점을 제대로 알아야 합니다. 가까운 친구나 가족 중 한 명을 선택해 장점 한 가지를 찾아보세요. 그리고 그 장점에 대해 진심으로 칭찬해 주세요.

3장

상대방의 간절한 욕구를 일으키자
Arouse in the other person an eager want

상대방을 움직일 수 있는 유일한 방법

저는 매년 여름 낚시를 즐깁니다. 그런데 제가 딸기 아이스크림을 좋아한다고 해서 물고기를 잡을 때 딸기 아이스크림을 낚싯바늘에 매달 수는 없겠죠? 물고기는 지렁이를 더 좋아하니까요. 저는 낚시하러 갈 때 제가 좋아하는 걸 생각하지 않아요. 물고기가 좋아할 만한 것만 생각하죠. "물고기야, 지렁이 한번 먹어 볼래?"

물고기를 낚을 때처럼 사람을 낚을 때도 이런 상식을 가져야 하지 않을까요?

왜 우리는 자신이 원하는 것만 이야기할까요? 철없는 사람이나 자기가 바라는 것만 말한답니다. 물론 사람은 본능적으로 자신이 원하는 것에 관심이 많아요. 그래서 다른 사람들은 여러분이 무엇을 원하는지 별로 관심이 없지요. 우리 모두 마찬가지예요. 우리는 우리가 원하는 것에만 관심이 많죠.

바로 여기에 인간관계의 핵심이 있습니다! 상대를 움직일 수 있는 유일한 방법은 상대가 원하는 것을 이야기하고, 어떻게 하면 그것을 얻을 수 있는지 보여주는 것뿐이에요. (So the only way on earth to influence other people is to talk about what they want and show them how to get it.)

친구가 담배를 피우지 않게 하려면 어떻게 해야 할까요? 나는 네가 담배 피우는 것이 싫다고 아무리 설명해도 소용없을 거예요. 대신 그 친구가 담배를 피우면 어떤 손해를 보는지 자세히 말해주면 됩니다. 예를 들면, 친구가 원하는 야구 선수가 되기 힘들다거나, 교내 달리기 시합에서 1등을 거머쥘 수 없다고 경고하면 그만인 거죠.

사람만이 아니라 동물도 마찬가지입니다. 철학자 에머슨은 아들과 함께 송아지를 외양간에 넣으려고 낑낑대고 있었습니다. 하지만 아버지와 아들은 자기들이 원하는 것만 생각하고 있었던 거예요. 어떻게 하면 소를 외양간에 넣지? 그런데 이를 본 하녀는 송아지가 무엇을 원하지는 생각했습니다. 하녀는 송아지 입에 손가락을 집어넣고 빨게 했습니다. 송아지가 정신없이 손가락을 빠는 사이에 하녀는 손쉽게 송아지를 외양간에 넣었습니다.

여러분이 태어난 뒤에 한 모든 행동은 무언가를 원했기 때문에

한 것입니다. 적십자사와 같은 구호 단체에 기부금을 내는 행위도 마찬가지예요. 여러분이 적십자사에 기부금을 낸 것은 누군가를 도와주기를 '원했기' 때문입니다.

해리 A. 오버스트리트 교수는 『인간 행동에 영향을 미치는 방법』이라는 책에서 다음과 같이 말합니다. "인간의 행동은 마음 깊숙한 곳에 있는 욕망에서 비롯된다. 따라서 직장이든 가정이든 학교든 정치든 어디서나 누군가를 설득하려면 먼저 상대방이 가진 강한 욕구를 불러일으켜야 한다. 이것을 할 수 있는 사람은 온 세상을 얻지만, 그렇지 않은 사람은 혼자가 될 것이다. (Action springs out of what we fundamentally desire, and the best piece of advice which can be given to would-be persuaders, whether in business, in the home, in the school, in politics, is: First, arouse in the other person an eager want. He who can do this has the whole world with him. He who cannot walks a lonely way.)"

앤드루 카네기는 가난한 어린 시절에 단 돈 2센트를 받고 일을 시작했어요. 그러다가 나중에 부자가 되어 3억 6,500만 달러를 기부할 정도로 크게 성공했지요. 카네기가 이처럼 성공한 것은 다름 아닌 사람을 다루는 방법을 일찍부터 깨달았기 때문입니다. 그가 사람을 다루는 유일한 비결은 상대가 원하는 바를 이야기하는 것이었어요. 학교를 4년밖에 다니지 않았지만 인간관계의 핵심을 꿰뚫고 있었던 거죠.

앤드루 카네기와 관련해 재미있는 일화가 하나 있습니다. 카네기의 형수가 예일대에 다니는 두 아들 때문에 골머리를 앓고 있었습니다. 공부하느라 바쁜지 두 아들은 엄마에게 편지 한 통 보내지 않았어요. 답답한 마음에 엄마가 먼저 편지를 보냈지만 여전히 깜깜무소식이었습니다. 그런데 카네기는 답장을 받아낼 수 있다며 친구들에게 100달러 내기를 걸었습니다. 그는 조카들에게 편지를 보내면서 추신에 이렇게 썼습니다. "용돈으로 5달러 지폐 두 장을 동봉하니 잘 쓰거라." 그러고는 실제로 돈은 넣지 않았지요. 얼마 있지 않아 조카들에게 답장이 왔고, 편지 내용은 여러분이 상상하는 그대로입니다.

지금이라도 당장 누군가에게 어떤 일을 하도록 설득해야 한다면 말을 꺼내기 전에 스스로에게 물어봅시다. "어떻게 해야 저 사람이 그 일을 하고 싶도록 만들 수 있을까?" 이런 질문을 하면 쓸데없이 내가 원하는 것만 열심히 이야기하고 아무것도 얻지 못하는 불행한 상황은 피할 수 있을 거예요.

저는 시즌마다 강연을 위해 뉴욕의 한 호텔 연회장을 20일 동안 빌립니다. 한 번은 강연을 며칠 앞두고 호텔 측에서 임대료를 이전보다 세 배 높게 내라고 통보했습니다. 하지만 나는 갑자기 인상된 가격을 낼 생각이 없었죠. 그렇다고 내가 원하는 것을 이야기해봤자 소용없을 게 뻔했습니다. 나는 호텔 측이 원하는 것에 초점을 맞췄습니다.

저는 호텔 지배인을 찾아가 종이 한 장을 내밀며 가운데 줄을 긋고 왼쪽에는 '이익', 오른쪽에는 '손해'라고 썼습니다. '이익' 쪽에는 '연회장 예약 없음'이라고 쓰고 이렇게 말했어요. "연회장이 비어 있으니 대규모 집회나 무도회 같은 행사를 열어 수익을 얻을 수 있습니다." 그런 다음 '손해' 쪽에는 '임대료 못 받음' '광고 효과 놓침'이라고 적고는 또 이렇게 말했습니다. "제가 연회장을 이용하지 않으면 임대료를 내지 않을 것입니다. 게다가 제 강연을 찾아오는 중산층 고객들에게 호텔의 광고 효과도 기대할 수 없겠죠. 신문에 5,000달러짜리 광고를 실어도 이보다는 효과가 없을 것입니다." 다음 날 저는 호텔 측으로부터 임대료를 300퍼센트가 아니라 50퍼센트만 인상하겠다는 편지를 받았답니다.

자, 보세요. 제가 원하는 것을 한마디도 하지 않고도 얻어냈습니다. 오로지 상대방이 무엇을 원하는지, 그리고 그것을 어떻게 얻을 수 있는지만 이야기했을 뿐이에요.

상대방의 관점에서 생각하자

미국의 자동차 회사 포드를 설립한 헨리 포드[*]는 아주 소중한 인간관계의 기술을 가르쳐 줍니다. "성공을 위한 비결이 하나 있다면, 상대방의 관점을 이해하고 그 사람의 관점으로 사물을 볼 줄 아는 능력이다. (If there is any one secret of success, it lies in the ability to get the other person's point of view and see things from that person's angle as well as from your own.)" 포드의 말은 누가 봐도 분명한 진실이지만, 실제로 사람들은 열 명 중 아홉 명이 이 진실을 무시한 채 살아갑니다.

오늘도 기업에서 판매자들이 열심히 제품과 서비스를 팔려고 하지만 바라는 만큼 성과를 얻지는 못합니다. 왜 그런 걸까요? 바로 판매자 자신이 원하는 것만 생각하기 때문이지요. 정작 소비자들은 물건을 살 생각이 없습니다. 판매자들이 팔려고 애쓰지 않아도 소비자는 물건이 필요하면 알아서 구매합니다. 소비자는 자신에게 닥친 문제만 생각하거든요. 따라서 판매자들이 제품이나 서비스가 고객의 문제를 해결하는 데 어떤 도움을 줄 수 있는지만 보여 주면 그만입니다. 그러면 굳이 사라고 하지 않아도 고객은 지갑을 열 거예요.

하지만 많은 사람이 이처럼 중요한 고객의 관점을 놓치고 있습니다. 그래서 제품과 서비스를 판매하는 데 늘 실패합니다. 저는 포레스트힐스라는 작은 단독 주택 단지에 살고 있어요. 하루는 예전에 제가 집을 거래하는 데 도움을 준 부동산 중개인을 우연히 만났습니다. 저는 그에게 제가 살고 있는 집 외벽에 철망을 넣어

* 헨리 포드(1863~1947)는 미국의 자동차 회사 포드의 설립자로 '자동차 왕'으로도 불린다. 컨베이어 벨트를 이용한 조립 생산 라인인 '포드 시스템'으로 유명하다.

마감한 건지 아니면 속이 비어 있는지 물어봤습니다. 하지만 그는 포레스트힐스 조경협회에 전화하면 알 수 있다고만 대답하더군요. 그건 이미 저도 알고 있는데 말이죠. 다음 날 그에게서 편지가 왔는데, 제 질문에 대한 답변은 없고 자신이 제 보험을 맡게 해달라는 요청밖에 없었어요. 그는 고객에게 도움이 되는 것이 아니라 본인에게 도움이 되는 것에만 관심이 있었던 거죠. 여러분이라면 이런 사람에게 믿고 일을 맡길 수 있나요?

이런 일도 있었어요. 몇 년 전 저는 필라델피아에서 아주 유명한 이비인후과 전문 병원에 갔습니다. 의사는 편도선을 살펴보기도 전에 제 직업부터 물어봤어요. 제 편도선 상태가 어떤지는 관심이 없고 제 수입이 얼마인지만 관심이 있었습니다. 저를 어떻게 도와줄 것인지를 생각하기보다 저에게서 얼마를 받아낼 것인지만 생각했습니다. 결국 저는 병원 문을 박차고 나왔어요. 당연히 저는 그 의사에게 한 푼도 주지 않았고요. 환자의 문제에 관심을 보이지 않는 의사에게 누가 건강을 맡길 수 있을까요?

세상에는 이렇게 자기 이익만 추구하는 사람들이 아주 많습니다. 그래서 남을 진심으로 배려하고 도와주려는 사람이 오히려 이 세상을 살아가기에 유리할 수 있어요. 그만큼 경쟁자가 없기 때문이죠. 오언 D. 영이라는 사람도 이렇게 말했습니다. "타인의 관점에서 생각할 수 있는 사람, 타인의 처지를 이해할 수 있는 사람은 자신의 미래를 걱정할 필요가 없다." 여러분도 이 책을 읽고 타인의 관점에서 생각하는 자세를 키울 수만 있다면 인생의 중요한 무기 하나를 갖추게 되는 셈이에요.

사회생활에서는 다른 사람들과의 의사소통이 무엇보다 중요합니다. 그런데 정작 학교에서는 이런 기술을 가르쳐 주지 않지요. 저는 에어컨을 전문으로 만드는 회사인 캐리어에서 갓 입사한 신입사원들을 대상으로 '효과적인 대화법'에 관한 강연을 진행했습니다. 그때 어느 신입사원에게 한 가지 과제를 냈어요. 다른 사람들에게 같이 농구 하러 가자고 설득해보라고 했습니다.

"저랑 농구 하러 가실래요? 저는 농구를 좋아해 농구장에 자주 가는 편인데 요즘에는 사람이 부족해 시합을 하지 못했어요. 며칠 전에는 두세 명이 공을 돌리다가 제 눈이 공에 맞아 멍들었어요. 여러분, 내일 농구장으로 나와 주세요. 저는 농구가 정말 하고 싶어요."

여러분은 이 말을 듣고 함께 농구 하러 가고 싶은가요? 그 신입사원은 여러분이 원하는 말을 한마디도 하지 않았습니다. 여러분은 사실 그가 무엇을 원하는지 관심이 없어요. 더군다나 얼굴에 멍이 드는 건 최악입니다. 그가 이렇게 말했다면 어땠을까요?

"저랑 농구 하러 가실래요? 농구를 하면 우선 건강에 좋습니다. 활력도 생기고, 식욕도 좋아지고, 머리도 맑아져요. 물론 재미도 있고 친목도 다질 수 있어요. 신입사원들끼리 아직 어색한데 농구를 하면서 서로 친해지는 건 어떨까요? 여러분, 내일 농구장으로 나와 주세요."

카네기 인간관계 수업을 듣는 수강생 중에 어린 아들 때문에 고민하는 아빠가 있었습니다. 아들이 저체중이었고 편식까지 심했거든요. 부모는 아이에게 꾸중했습니다. "엄마는 네가 이것저것 가리지 않고 잘 먹었으면 좋겠어." "아빠는 네가 많이 먹고 쑥쑥 자랐으면 좋겠어." 아이는 부모가 원하는 대로 밥을 골고루 잘 먹었을까요? 상식적으로 생각해도 어린아이가 다 큰 어른의 관점을 순순히 따랐을 리 없습니다. 말도 안 되는 이야기였죠. 이제야 아빠도 그 사실을 깨달았습니다. 그러고는 이렇게 생각했습니다. '아이가 진짜로 원하는 게 뭘까? 어떻게 하면 아이가 원하는 걸 들어주면서 내가 원하는 것도 얻을 수 있을까?'

이렇게 아이의 관점에서 생각하자 신기하게도 해결의 실마리가 보이기 시작했습니다. 아이는 집 앞에서 세발자전거를 타고 노는 걸 좋아했어요. 그런데 이웃집에 살던 덩치 큰 꼬마가 아이의 자전거를 빼앗아 탔습니다. 아이가 울면서 엄마에게 이르면 엄마는 다시 자전거를 찾아왔죠. 이런 일이 매일같이 반복됐습니다. 아이가 원하는 것은 무엇이었을까요?

군이 셜록 홈스가 아니더라도 답을 쉽게 찾을 수 있습니다. 아이는 화가 나고 자존심이 상하고 무엇보다 이웃집 꼬마에게 복수하고 싶었습니다. 그래서 아빠는 이렇게 약속했지요. "만약 밥을 잘 먹으면 네가 이웃집 꼬마보다 덩치가 더 커질 거야." 그 후로 아이의 편식 문제는 말끔히 해결됐습니다. 아이는 이웃집 꼬마를 혼내 줄 정도로 덩치를 키우기 위해 시금치, 고등어 가리지 않고 뭐든 열심히 먹었거든요.

이 문제를 해결하고 아빠는 또 다른 문제에 도전합니다. 아이에게는 한밤중에 이불에 오줌 싸는 버릇이 있었습니다. 아이는 할머니와 같은 침대에서 잤는데, 할머니가 "어제 또 이불에 오줌 쌌구나?"라고 하면, 아이는 "아니에요, 할머니가 쌌잖아요!"라며 대꾸했습니다. 엄마는 야단도 치고 망신도 주었지만 버릇은 쉽게 고쳐지지 않았습니다. 그래서 이번에도 부모는 아이의 관점에서 생각해 봤습니다. '아이에게 무엇을 들어주면 오줌 싸는 버릇을 고칠 수 있을까?'

아이는 우선 아빠처럼 파자마 잠옷을 입고 싶었습니다. 자기도 어른처럼 보이고 싶었던 겁니다. 아이는 자기 침대도 갖고 싶다고 말했어요. 할머니는 아이가 같이 자기 싫어하는 것 같아 서운한 눈치였지만 그래도 반대하지는 않았습니다. 엄마는 아이를 침대 매장에 데려가 점원에게 말했습니다. "여기 꼬마 신사분이 쇼핑하러 오셨어요." 그러자 점원이 "무엇을 보여 드릴까요, 손님?"이라고 물으니 아이는 키가 커 보이려고 허리를 쭉 펴면서 "제 침대를 사고 싶어요"라고 대답했습니다.

침대가 집에 도착하자 아이는 아빠에게 "아빠, 제 침대가 왔어요. 침대 보세요!"라고 말했습니다. 그러자 아빠는 "정말 좋은 침대를 샀구나. 대단해! 이제 네 침대가 생겼으니 오줌을 안 싸겠지?" 아이는 그러겠노라고 약속했습니다. 자존심이 걸린 문제였거든요. 이제 어른처럼 파자마를 입었으니 어른처럼 행동하고 싶었고, 실제로 그렇게 했답니다.

핵심정리

1. 사람을 다루려면 상대방의 강한 욕구를 불러일으켜야 한다.
2. 상대방의 관점에서 생각하는 것이 인간관계의 성공 비결이다.
3. 누군가를 설득하려면 상대방이 원하는 것을 알아내고 들어주면
   된다.

실천하기

이번 주말에 친구나 가족에게 도서관에 같이 가자고 설득해야 한다
면 어떻게 말하는 것이 좋을까요? 나의 관점이 아니라 상대방의 관점
에서 생각하면서 설득 전략을 세워 봅시다.

2부

상대방이 나를 좋아하게
만드는 방법 6가지

4장

상대방에게 진심으로 관심을 갖자
Become genuinely interested in other people

⚖️

관심을 끌려고 애쓸 필요가 없다

친구를 잘 사귀려면 어떻게 해야 할까요? 사실 이 책을 읽는 것보다 더 좋은 방법이 있습니다. 세상에서 친구를 가장 잘 사귀는 이를 연구하면 됩니다. 내일 당장 집 밖에 나가면 어디서나 볼 수 있어요.

개는 조금만 가까이 다가가도 반갑다며 꼬리를 흔듭니다. 머리를 쓰다듬으려고만 해도 펄쩍펄쩍 뛰면서 여러분을 얼마나 좋아하는지 온 몸으로 표현하지요. 그냥 여러분을 좋아할 뿐 아무런 꿍꿍이속도 없어요. 개는 타고난 본능으로 사람들에게 진심으로 관심을 보입니다. 우리가 다른 사람의 관심을 끌려고 애쓰며 사귄 사람들보다, 개는 더 짧은 시간 안에 더 많은 사람과 사귈 수 있을 거예요.

물론, 다른 사람들의 관심을 끌려고 애쓰는 노력은 아무런 효과가 없습니다. 다른 사람들은 나에게 관심이 전혀 없기 때문이죠. 사람들은 자기 자신에게만 관심이 있습니다. 아침에도 점심에도 저녁에도 늘 자기 자신에게만 관심을 갖는답니다. (Of course, it doesn't work. People are not interested in you. They are not interested in me. They are interested in themselves—morning, noon and after dinner.)

한 번은 뉴욕전화회사에서 재미있는 연구를 했어요. 전화 통화 중 사람들이 가장 많이 사용하는 단어를 찾아보았는데요. 그 단어는 바로 '나'였습니다. 500건의 통화 중에 무려 '나'가 3,990번이나 나왔다고 해요. 여러분은 단체 사진을 볼 때 누구를 가장 먼저 찾나요? 아마 대부분은 나부터 찾을 거예요.

내가 관심을 끌려고 다른 사람에게 좋은 인상을 남길 궁리만 하면 진짜 친구를 사귈 수 없어요. 진짜 친구는 이런 식으로 만들 수 없기 때문이지요. 나폴레옹 보나파르트*도 아내 조세핀을 마지막으로 만난 자리에서 이렇게 말했다고 합니다. "조세핀, 나는 세상에서 가장 운이 좋은 남자였소. 그런데 지금은 내가 의지할 수 있는 사람은 당신뿐이오." 하지만 역사가들은 나폴레옹이 조세핀을 정

* 나폴레옹 보나파르트(1769~1821)는 프랑스의 군인이자 황제였다. 유럽의 여러 나라를 침략해 세력을 확장하고자 했으나, 러시아 원정 실패로 엘바 섬에, 워털루 전투 패배로 세인트헬레나 섬에 유배되었다.

말로 의지했는지 의문을 품습니다.

유명한 심리학자 알프레드 아들러는 이렇게 말했습니다. "타인에게 관심이 없는 사람은 살아가면서 힘든 고통을 겪고 다른 사람들에게도 큰 피해를 준다. 인류의 모든 실패는 이런 사람들 때문에 발생한다."

내가 관심을 보이면 남도 관심을 보인다

예전에 뉴욕대에서 단편소설 창작에 관한 강의를 들은 적이 있습니다. 『콜리어스』라는 유명 잡지의 편집장이 강사로 왔는데, 그는 매일 책상 위에 쌓여 있는 수십 편의 소설 원고를 읽는다고 했습니다. 그런데 어떤 원고든 처음 몇 줄만 읽어 봐도 이 작가가 사람을 좋아하는지 아닌지를 단번에 알 수 있다고 했어요. 그러고는 이렇게 말했지요. "작가가 사람을 좋아하지 않으면, 사람들도 그 작가의 소설을 좋아하지 않습니다." 이 편집장은 한참을 이야기하다가 다시 멈추고는 한 번 더 강조했어요. "설교처럼 들릴지 모르겠지만 이것만은 꼭 기억하세요. 정말 소설을 잘 쓰려면 사람에게 관심을 가져야 합니다." 이 말은 소설 쓰기에만 적용되는 것이 아니라, 인간관계에서도 충분히 적용됩니다.

미국 최고의 마술사이자 손 마술의 대가인 하워드 서스턴이 브로드웨이에서 마술 공연을 할 때였습니다. 우연한 계기로 저는 대기실에서 서스턴을 만났지요. 그는 40년 동안 전국을 돌아다니며 관객들을 환상의 마술 세계로 초대했습니다. 그동안 그의 공연을 보러 온 사람만 6,000만 명이 넘었고 벌어들인 돈도 200만 달러에 이르렀다고 합니다.

저는 서스턴에게 성공한 마술사가 된 비결을 물어보았습니다. 그는 어릴 때 대단한 교육을 받았던 것도 아니었습니다. 오히려 집에서 가출해 화물열차에 몰래 숨어들어 건초더미에서 자기도 하고, 이 집 저 집 돌아다니며 구걸하기도 했습니다. 철길을 따라가면서 기차역 표지판을 보면서 간신히 글 읽는 법을 배운 정도고요. 그렇다면 마술에 특별한 재능이 있었던 걸까요? 그는 손 마술에 관한 책이 이미 수백 권 나와 있고 자기만큼 손 마술을 할 줄 아는 사람도 수십 명은 될 거라고 했습니다. 하지만 남들이 가지고 있지 않은 두 가지 무기를 가지고 있다고 했죠.

첫 번째는 자신의 매력을 청중에게 마음껏 전하는 전달력이었습니다. 그는 정말 탁월한 쇼맨십을 가지고 있었습니다. 그가 무대에서 펼치는 제스처, 말투, 심지어 눈썹의 움직임까지 모든 행동은 사전에 철저히 연습한 것이었습니다. 그의 움직임은 초 단위로 쪼개 설계한 것이었죠. 두 번째가 중요합니다. 서스턴은 사람들에게 진심으로 관심을 보였습니다. 그는 대부분의 마술사들이 관객을 보면서 이런 생각을 갖는다고 합니다. '그래, 오늘도 저 멍청한 인간들을 잘 속여 보자.' 서스턴은 전혀 반대로 생각했습니다. '날 찾아주시다니 감사하다. 저분들 덕분에 내가 하고 싶은 일을 하며 먹고살 수 있지. 오늘도 최고의 공연을 보여주자.' 그는 공연 무대에 오를 때마다 '나는 관객들을 사랑한다. 나는 관객들을 사랑한다'라고 마음속으로 수없이 되뇐다고 했습니다.

이것은 미국 대통령 시어도어 루스벨트가 엄청난 인기를 얻은 비결이기도 해요. 하인들조차 그를 존경했으니까요. 제임스 에이머스라는 흑인 하인은 『하인의 영웅, 시어도어 루스벨트』라는 책을 쓰기도 했습니다. 그는 이 책에서 다음과 같은 일화를 소개합니다.

"예전에 내 아내가 대통령께 메추라기에 관해 여쭌 적이 있다. 아내는 메추라기를 한 번도 본 적이 없었다. 대통령은 메추라기를 아주 자세히 설명해 주었다. 어느 날 대통령이 우리 집에 전화를 했다. 지금 집 밖에 메추라기가 있으니 한번 보라는 것이었다. 이 사소한 이야기는 루스벨트가 어떤 분인지 잘 보여 준다. 그분은 우리 집을 지나칠 때마다 속으로 '안녕, 애니!' 또는 '안녕, 제임스' 하며 인사를 건넨다고 했다."

하버드 대학 총장인 찰스 앨리엇 박사도 성공한 대학 총장이 될 수 있었던 이유가 바로 다른 사람의 문제에 깊은 관심을 보였기 때문이에요. 그가 총장으로 어떻게 일했는지 잘 보여 주는 이야기가 있습니다. 어느 날 크랜던이라는 신입생이 총장실로 찾아와 학자금 50달러를 대출받고자 했습니다. 대출은 승인되었습니다. 크랜던은 그날 있었던 일을 이야기합니다.

"저는 감사하다고 말씀드리고 일어서려고 했습니다. 그러자 총장님은 자리에 잠깐 앉아 보라고 하셨어요. 제가 자취를 하고 있다는 걸 알고 계셨고, 총장님도 학생 때 자취를 했다고 했지요. 그러면서 자취할 때는 밥을 잘 먹어야 한다며 요리법을 하나 알려 주셨습니다. 바로 소고기 미트볼이었어요. 만드는 방법뿐만 아니라 고기를 자르는 방법도 가르쳐 주시고 식혀 먹으라는 당부까지 친절하게 말씀해 주셨어요."

저도 개인적인 경험을 통해 내가 진심으로 관심을 기울이면 아무리 바쁜 사람이더라도 그 사람의 관심과 협력을 이끌어낼 수 있다는 사실을 깨달았습니다. (I have discovered from personal experience that one can win the attention and time and cooperation of even the most sought-after people by becoming genuinely interested in them.) 몇 년 전 저는 브루클린 예술과학재단에서 소설 쓰기 수업을 열었습니다. 우리는 이 수업에 유명한 작가들이 초대되어 소중한 이야기를 들려주기를 바랐죠. 그래서 150명이나 되는 학생들이 작가들에게 편지를 쓰기 시작했습니다. 물론 작가들의 스케줄이 바쁘고 강의를 준비하려면 시간이 촉박하다는 것을 알고 있었습니다. 그래도 학생들은 작가들이 답변을 미리 준비할 질문 목록을 편지에 함께 담았습니다. 감사하게도 작가들은 우리에게 도움의 손길을 내밀어 주었답니다.

친구를 만들고 싶다면 노력이 필요하다

만약 친구를 사귀고 싶다면, 그만큼 노력과 수고가 필요합니다. 시간과 에너지, 이타심, 배려 등 공을 들여야 친구를 만들수 있습니다. (If we want to make friends, let's put ourselves out to do things for other people—things that require time, energy, unselfishness and thoughtfulness.) 영국의 왕세자 윈저 공은 남미를 순방할 계획이 잡히자, 몇 달 전부터 스페인어를 공부했다고 합니다. 남미 사람들 앞에서 그 나라의 언어로 말하고 싶었던 거예요. 남미 사람들이 좋아했으리라는 것은 불을 보듯 뻔한 일이죠.

저는 지인들의 생일을 알아내려고 수년 동안 노력했습니다. 생일을 직접 물어보기보다는 간접적으로 알아내는 방법을 택했지요. 점성학 같은 건 믿지 않았지만, 우선 상대방에게 생일이 개인의 성격이나 기질과 관련 있는 것 같느냐고 물어보았습니다. 그러면서 자연스럽게 생일을 알려 달라고 했죠. 만약 11월 24일이라고 했다면, 저는 속으로 '11월 24일, 11월 24일'이라고 계속 외우다가 그 사람이 잠깐 자리를 뜨는 사이에 수첩에 생일을 적었습니다. 그러고는 생일이 찾아오면 선물과 축하 편지를 보냈습니다. 사람들이 얼마나 좋아하는지 모릅니다! 자신의 생일을 기억하고 축하해 주는 거의 유일한 사람이었으니까요.

친구를 사귀고 싶다면 밝고 활기찬 모습으로 사람들을 맞이하세요. 전화를 받을 때도 그렇습니다. "여보세요" 한마디에도 상대방과 전화하게 되어 얼마나 기쁘고 고마운지 마음이 드러나야 합니다.

친구를 사귈 때만이 아니라 어떤 일을 할 때도 마찬가지입니다. 뉴욕의 한 은행에서 근무하던 찰스 R. 월터스는 어떤 기업에 대한 비밀 보고서를 작성해야 했습니다. 당시 보고서에 필요한 정보를 알고 있는 사람은 딱 한 명뿐이었습니다. 그는 어느 대기업 사장이었죠. 월터스는 그 사장을 찾아갔고 비서가 사장실을 안내해 주었습니다. 그런데 비서가 사장실에서 나오는 잠깐 사이에 사장에게 오늘은 드릴 우표가 없다고 말했어요. 그러자 사장은 월터스에게 "아, 열두 살 난 아들을 위해 우표를 모으는 중이에요"라고 설명했습니다.

월터스는 본론을 이야기하기 시작했습니다. 하지만 사장의 대답은 애매모호했습니다. 별로 정보를 알려 주고 싶지 않은 눈치였죠. 면담은 아무런 소득 없이 끝났어요. 월터스는 카네기 인간관계 수업에서 이렇게 말했습니다.

"이제 어떻게 해야 할지 몰랐어요. 그런데 비서가 한 말이 생각났죠. 우표와 열두 살 아들…. 우리 은행의 외환 파트에서 우표를 모은다는 게 생각났어요. 세계 각국에서 날아오는 편지에 붙어 있는 우표 말이죠. 이 우표들을 가지고 다시 사장님을 찾아갔어요. 사장님은 저를 환대해 주었습니다. 아들이 좋아할 거라고 하면서 우표를 보물 다루듯 애지중지하더군요. 그뿐만이 아니에요. 제가 따로 부탁하지도 않았는데 중요한 정보를 제공해 주었습니다. 언론 기자의 표현대로라면 특종을 잡은 거죠!"

마지막으로 로마의 유명한 시인 푸블릴리우스 시루스의 말을 인용하면서 이 장을 마칠까 합니다. "우리는 나에게 관심을 갖는 사람에게 관심을 보인다." 따라서 사람들의 호감을 사고 싶다면 다른 사람에게 진심으로 관심을 가져 보세요. 기적과 같은 일이 일어날 겁니다.

핵심정리

1. 사람들은 남에게 관심이 없다. 오로지 자기 자신에게만 관심이 있다.
2. 내가 진심으로 관심을 기울이면 상대방도 나에게 관심을 보인다.
3. 친구는 그냥 생기지 않는다. 그만큼 노력과 수고를 들여야 친구를 만들 수 있다.

실천하기

친구를 사귀려면 노력과 수고를 들여야 합니다. 좀 더 친해지고 싶은 친구의 생일이나 좋아하는 취미, 연예인 등 관심사를 알아보고 먼저 이야기를 꺼내 보세요.

5장

얼굴에 미소를 짓자
Smile

얼마 전 저는 뉴욕에서 열린 어느 파티에 참석했습니다. 거기서 한 여성을 봤지요. 그녀는 다른 사람들에게 좋은 인상을 남기려고 무척 애를 썼습니다. 값비싼 검은 모피 코트를 걸치고 다이아몬드와 진주로 온 몸을 치장했더군요. 하지만 얼굴에는 전혀 신경 쓰지 않았습니다. 얼굴은 이기심이 가득한 심술보 같았거든요. 심술보 여성은 다른 사람들은 다 알고 있는 진실 하나를 모르고 있는 듯했습니다. 사람의 얼굴 표정이 값비싼 옷보다 훨씬 중요하다는 사실 말이죠.

앞에서 소개한 찰스 슈와브는 저에게 자신은 '백만 불짜리 미소'를 가지고 있다고 말했습니다. 그가 성공한 이유는 다름 아닌 따뜻한 성품과 사람을 끌어들이는 매력이라고 했죠. 그의 성품과 매력은 사람들의 기분을 좋게 만드는 미소에 담겨 있었습니다.

저는 프랑스 가수이자 영화배우인 모리스 슈발리에도 만난 적이 있어요. 그런데 기대한 것보다는 실망이 컸습니다. 슈발리에는 무뚝뚝하고 말수도 별로 없었거든요. 그런데 그가 활짝 미소를 짓자 언제 그랬냐는 듯 모든 게 달라졌어요. 마치 먹구름이 걷히고 밝은 햇빛이 비치는 것 같았죠. 만약 그에게 미소가 없었다면 평생 목수 일이나 하면서 살았을지도 모릅니다.

말보다 행동이 더 많은 걸 전합니다. 미소는 상대방에게 "네가 좋아, 네가 있어 행복해, 널 만나서 기쁘다"라는 의미를 전하죠. (Actions speak louder than words, and a smile says, "I like you. You make me happy. I am glad to see you.") 그래서 우리는 개들을 좋아하는지도 모릅니다. 개들은 우리를 보면 반가운 마음에 펄쩍펄쩍 뛰어다니잖아요. 이런 개들을 보면 우리도 절로 기분이 좋아지지요.

물론 억지로 가식적인 미소를 지을 필요는 없어요. 사람들은 진짜 미소와 가짜 미소를 금방 구분해 냅니다. 제가 말하는 것은 진짜 미소예요. 진짜 미소는 마음에서 우러나와 다른 사람들의 마음을 따뜻하게 만들어 줍니다.

저는 카네기 인간관계 수업을 듣는 수강생들에게 과제를 내주었습니다. 누군가에게 매일같이 미소를 짓고 그 결과를 알려 달라고 했어요. 과연 미소는 어떤 효과가 있었을까요?

아메리카 증권거래소에서 일하는 윌리엄 스타인하트라는 사람의 이야기입니다. 이 사람의 이야기는 특별한 경우가 아니에요. 사실 많은 사람이 비슷한 경험을 했죠. 그럼 스타인하트의 이야기를 들어볼까요?

"저는 결혼한 지 18년이 됐어요. 그동안 아침에 일어나 출근하러 집을 나서기 전까지 아내에게 미소를 짓지 않고 몇 마디 말도 하지 않았어요. 세상에서 가장 무뚝뚝한 남편이었죠.

카네기 선생님이 미소를 지어 보라는 숙제를 내주셨을 때는 딱 일주일만 해보기로 했습니다. 거울을 보며 머리를 빗을 때 이렇게 말했죠. '그래, 오늘부터 불만 가득한 표정은 지우자. 이제부터 웃는 거야. 지금 당장 시작하자.' 그러고는 아침 식탁에 앉으며 아내에게 '여보, 좋은 아침이야'라고 말하며 미소를 지었어요.

선생님은 상대방이 놀랄 수도 있을 거라고 경고하셨는데, 아내의 반응은 그 이상이었어요. 무척 당황하고 충격을 받은 것 같았지요. 저는 아내에게 매일 이렇게 할 거라고 말했고, 벌써 두 달 동안 약속을 지키고 있어요. 제게는 이 두 달이 지난 한 해보다 훨씬 더 행복한 시간이었어요.

출근길에 만나는 아파트 이웃이나 경비원 아저씨에게도 웃으며 인사했어요. 지하철 매표소 직원에게도 미소를 지었고요. 일터에서 한 번도 제가 웃는 걸 본 적 없는 동료들에게도 미소를 보냈답니다. 제가 미소를 보내니 사람들은 제게 미소로 화답하더군요. 불평이나 고충을 가지고 온 사람들에게도 밝은 얼굴로 대하면 문제가 훨씬 쉽게 풀렸습니다. 일할 때도 웃음을 잃지 않으니까 미소가 더 많은 돈을 벌어다 준다는 사실도 깨달았어요.

어느 날 저와 사무실을 함께 쓰는 젊은 직원에게 미소가 인간관계를 바꾸어 놓았다는 이야기를 한 적이 있어요. 그러자 그 직원도 솔직하게 말하더군요. 제가 처음 사무실에 왔을 때는 늘 불만이 많은 사람인 줄 알았대요. 그런데 최근에는 생각을 바꾸었다고 하더라고요. 제가 미소를 지을 때 정말 인간적으로 보인다고 했어요.

저는 남을 비난하는 습관도 없앴습니다. 비난 대신 인정과 칭찬을 베풀기로 했죠. 제가 원하는 바를 말하는 것이 아니라 상대의 관점을 파악하려고 노력하고 있습니다. 이런 태도의 변화가 말 그대로 제 삶을 바꾸어 놓더라고요. 저는 이제 완전히 다른 사람이 되었어요. 더 행복하고 더 친구가 많아진, 세상에서 정말 중요한 것들을 다 가진 진짜 부자가 되었습니다. (These things have literally revolutionized my life. I am a totally different man, a

happier man, a richer man, richer in friendships and happiness—
the only things that matter much after all.)"

미소 짓기가 어렵다면?

그런데 미소를 짓는 일이 늘 쉽지만은 않지요. 그럴 때는 어떻
게 해야 할까요? 두 가지 방법이 있습니다. 첫째는 억지로라도 웃
으려고 노력해 보세요. 주위에 아무도 없다면 콧노래를 부르면서
흥을 돋우어도 됩니다. 둘째는 이미 행복한 사람인 척해 보세요.
믿기 힘들겠지만 그러면 진짜 행복해질 수 있어요.

하버드 대학의 윌리엄 제임스 교수는 이렇게 말했습니다. "감정
이 생겨야 행동이 따르는 것 같지만, 사실 감정과 행동은 동시에
일어난다. 따라서 행동을 조절하면 감정도 조절할 수 있다. 즐거운
마음을 가지려면 이미 즐거운 사람처럼 행동하면 된다."

세상 모든 사람이 행복을 추구합니다. 행복을 찾는 확실한 방
법이 있습니다. 생각을 통제하면 됩니다. 행복은 외적인 상황이
아니라 내적인 상태에 달려 있으니까요. 내가 무엇을 가지고 있
고, 내가 누구이고, 내가 어디에 있고, 내가 무엇을 하고 있느냐
는 행복과는 전혀 상관없다는 거예요. 즉, 여러분이 스스로를 어
떻게 생각하느냐에 따라 행복할 수도 있고 불행할 수도 있습니

다. (Everybody in the world is seeking happiness, and there is one sure way to find it. That is by controlling your thoughts. Happiness doesn't depend on outward conditions. It depends on inner conditions. It isn't what you have or who you are or where you are or what you are doing that makes you happy or unhappy. It is what you think about it.) 예를 들어, 같은 회사에서 같은 일을 하는 두 사람이 있다고 해 볼게요. 둘은 월급도 비슷하고 사회적 지위도 비슷할 거예요. 그런데 한 사람은 행복하고 다른 한 사람은 불행합니다. 왜 그럴까요? 바로 마음가짐의 차이 때문입니다.

셰익스피어는 이렇게 말했어요. "그 무엇도 본래부터 좋은 것과 나쁜 것은 없다. 다만, 우리의 생각에 따라 좋은 것이 되기도 하고 나쁜 것이 되기도 할 뿐이다." 에이브러햄 링컨도 "사람들은 자신이 행복해지겠다고 마음먹은 만큼 행복해진다"라고 말했습니다. 최근에 저는 이 말을 증명해 주는 광경을 목격했지요.

제가 뉴욕 롱아일랜드 역에서 계단을 오를 때였어요. 제 바로 앞에 지체 장애 아동들 30~40명 정도가 목발이나 지팡이를 짚고 낑낑거리며 계단을 오르고 있었죠. 어떤 아이는 업혀서 올라가기도 했고요. 그런데 신기하게도 아이들이 행복하게 웃고 떠드는 거예요. 그래서 아이들을 인솔하는 사람에게 그 이야기를 했더니 이렇게 대답하는 겁니다. "맞아요. 아이들은 이렇게 평생 불구로 살아가야 한다는 사실을 알게 되면 처음에는 큰 충격을 받습니다.

하지만 그 충격을 극복하고 주어진 운명을 따르면 다른 보통 아이들보다 더 행복하게 살아가더라고요." 저는 그 아이들에게 모자를 벗어 존경하는 마음을 표하고 싶을 정도였습니다. 제가 평생 살면서 잊지 못할 교훈을 가르쳐 주었거든요.

작가이자 출판인인 엘버트 허버드는 다음과 같은 지혜로운 충고를 남겨 주었습니다. 단순히 읽기만 하지 말고 한번 실천해 보세요. 여러분에게 꼭 도움이 될 것입니다.

"문 밖을 나설 때 턱은 아래로 당기고 머리는 꼿꼿이 세우고 숨을 크게 들이쉬세요. 따뜻한 햇살을 즐기고, 웃는 얼굴로 친구들을 반기고, 마음을 담아 인사하세요. 사람들이 나를 오해할까 걱정하지 말고, 내가 하고 싶은 일이 확실히 정해지면 목표를 향해 곧장 나아가면 됩니다. 크고 빛나는 꿈을 품으세요. 그렇게 하루하루 지나가다 보면 그 꿈을 이루기 위해 필요한 기회를 발견할 수 있을 거예요. 자신이 되고자 하는 모습을 머릿속에 상상해 보세요. 당신이 품은 생각이 당신의 모습을 변화시킬 거니까요. 생각이 가장 중요합니다. 올바르고 용감하고 정직하고 유쾌한 생각을 가지세요. 생각이 창조의 원동력입니다. 간절히 바라면 원하는 대로 이루어질 수 있어요. 턱은 아래로 당기고 머리는 꼿꼿이 세우세요. 우리는 신이 될 수 있는 사람들입니다."

핵심싱니

1. 백 마디 말보다 한 번의 미소가 더 많은 걸 전한다.
2. 미소를 지으면 삶의 태도가 바뀌고 인생이 새로워진다.
3. 행복해지고 싶다면 내가 지금 행복하다고 생각하면 된다.

실천하기

미소 짓기가 어렵다면 연습이 필요할 수 있습니다. 매일 아침 또는 매일 밤 거울을 보면서 10초 동안 미소 짓는 연습을 해 봅시다.

6장

상대방의 이름을 기억하자
Remember the other person's name

이름을 기억하는 것이 성공의 비결

짐 팔리라는 사람이 있었습니다. 아버지가 불의의 사고로 죽자 열 살밖에 되지 않은 이 소년은 벽돌 공장에서 일을 해야 했지요. 쉴 새 없이 거푸집으로 벽돌을 만들고 햇볕에 말리는 일을 했습니다. 어린 나이에 공장 일을 하다 보니 학교에서 공부할 기회는 없었어요. 하지만 특유의 유쾌한 성격 덕분에 짐은 사람들에게 호감을 얻는 능력이 뛰어났지요. 이 소년은 나중에 커서 정치계에 뛰어들었고, 자기가 만나는 수많은 사람의 이름을 기억하는 특별한 재능을 보여 주었습니다.

고등학교에는 문턱에도 가 보지 못한 짐 팔리는 46세가 되기 전에 네 개 대학에서 명예박사 학위를 받았고, 민주당 전국위원회

의장과 미국의 우정공사 총재를 지냈습니다.

한 번은 제가 짐 팔리와 인터뷰를 하면서 성공 비결이 무엇인지 물어보았습니다. 그러자 짐 팔리는 "그냥 열심히 일했죠"라고 대답하기에, 저는 "에이, 농담하지 마시고요. 1만 명의 이름을 기억하신다고 들었습니다"라고 말했습니다. 이 말에 그는 "아닙니다. 잘못 알고 계신 거예요. 5만 명의 이름을 기억하고 있습니다"라고 대답했어요. 이 점을 꼭 명심해야 합니다. 짐 팔리는 사람의 이름을 기억하는 능력 덕분에 루스벨트를 미국 대통령으로 만든 '킹메이커'가 될 수 있었습니다.

정치계에 들어오기 전 석고 회사 영업 사원으로 일할 때, 그리고 스토니포인트 관공서 직원으로 일할 때 짐 팔리는 사람들의 이름을 기억하는 나름의 방법을 개발했습니다. 새로운 사람을 만나면 이름과 가족 관계, 직업, 정치 성향 등을 파악하고 그의 얼굴과 함께 머릿속에 잘 기억해 두었습니다. 덕분에 1년 뒤에 우연히 만나더라도 그 사람을 만나면 아내와 아이들은 잘 지내고 있는지, 뒷마당에 심어 놓은 접시꽃은 잘 자라고 있는지 사소한 내용까지 기억하고 이야기를 나눌 수 있었습니다. 이러니 그를 지지하는 사람들이 많을 수밖에 없었지요.

루스벨트가 대통령 선거 유세를 시작하기 전, 짐 팔리는 몇 달 동안 미국 서부와 북서부에 있는 사람들에게 매일 수백 통의 편지를 보냈습니다. 그런 다음 유세할 때는 마차, 기차, 자동차, 보트

등 모든 교통수단을 동원해 19일 동안 무려 20개 주를 돌아다녔습니다. 이동 거리만 해도 2만 킬로미터에 달했지요. 그는 이 마을 저 마을 들러 아는 사람들과 식사를 하거나 차를 마시며 진솔한 대화를 나눴습니다. 그러고는 다음 일정을 위해 급히 달려갔어요.

모든 순회를 마치고 동부로 돌아와서는 자신이 방문한 마을마다 편지 한 통씩 보내 자신이 그 마을에서 만났던 사람들의 명단을 보내 달라고 부탁했습니다. 그렇게 해서 모은 사람의 이름만 수천 명에 이르렀지요. 짐 팔리는 명단에 있는 모든 사람에게 친필로 이름을 부르며 편지를 썼습니다. 마지막에는 짐의 서명이 꼭 들어갔지요.

짐 팔리는 사람들은 다른 누구보다도 본인의 이름에 더 많은 관심을 가진다는 사실을 잘 알고 있었습니다. 그래서 그 사람의 이름을 기억하고 불러주는 것 자체가 효과적인 인정과 칭찬이 되는 셈입니다. (Jim Farley discovered early in life that the average person is more interested in his or her own name than in all the other names on earth put together. Remember that name and call it easily, and you have paid a subtle and very effective compliment.) 당연히 이름을 잊어버리거나 잘못 기억하면 오히려 더 나쁜 결과를 가져오겠지요.

앤드루 카네기의 성공 비결도 소개해 볼게요. 앤드루 카네기는 '철강왕'으로 불렸습니다. 그런데 사실 그는 철강 제조 기술에 관해 아는 게 많지는 않았어요. 하지만 자기보다 철강을 훨씬 많이 아는 수많은 전문가와 기술자가 자신을 위해 일하도록 만드는 리더십이 있었습니다. 그가 세계 최고의 부자가 된 비결입니다.

카네기는 어린 시절부터 사람들을 조직하는 탁월할 능력과 남다른 리더십을 보였습니다. 특히 사람들은 자기 이름을 매우 중요하게 여긴다는 사실을 이때 이미 발견했지요. 그는 이 놀라운 진실을 이용해 사람들의 협조를 이끌어냈습니다.

한 번은 이런 일이 있었습니다. 스코틀랜드에 살고 있던 어린 카네기는 토끼 한 마리를 잡았어요. 엄마 토끼였는데 새끼를 많이 낳아 어느새 토끼가 많아졌지요. 그런데 토끼 가족을 먹일 먹이가 부족해지자 기발한 아이디어 하나를 떠올렸어요. 동네 친구들에게 토끼풀이나 민들레를 구해 토끼를 먹이면 그 토끼에게 친구의 이름을 붙여 주겠다고 했습니다. 전략은 대성공이었습니다. 카네기는 이 경험을 평생 잊지 못했지요.

어른이 된 앤드루 카네기는 이 원리를 이용해 마침내 백만장자가 되었습니다. 한 번은 펜실베이니아 철도 회사에 강철 레일을 팔고 싶었습니다. 당시 그 철도 회사의 사장은 에드가 톰슨이었습니다. 카네기는 피츠버그에 어마어마하게 큰 철강 공장을 짓고는 이름을 '에드가 톰슨 철강 공장'이라고 지었습니다. 과연 펜실베이니아 철도 회사는 어느 철강 회사에서 레일을 구입했을까요? 어렵지 않게 답을 찾을 수 있을 거예요.

또 이런 일도 있었답니다. 카네기의 센트럴 철도 회사는 풀먼이 소유한 회사와 라이벌 관계에 있었지요. 두 회사는 유니언퍼시픽 철도의 침대차 사업권을 따내기 위해 치열한 경쟁을 벌였습니다. 그런데 경쟁이 너무 심해져 서로 계속 가격을 깎다 보니 별로 이득이 남지 않는 지경에 이르렀어요. 두 사람은 뉴욕에서 유니언퍼시픽 철도의 이사진을 만나기로 했습니다. 어느 날 저녁 카네기는 호텔에서 우연히 풀먼과 마주쳤습니다. 카네기가 이렇게 말을 꺼냈습니다. "풀먼 씨, 안녕하세요? 그런데 우리가 지금 둘 다 멍청한 짓을 하고 있는 것 같지 않나요?" 풀먼이 대답했습니다. "무슨 말씀이시죠?"

카네기는 자신이 생각한 묘안을 꺼냈습니다. 두 회사가 공동 투자를 하자는 거였어요. 서로 경쟁하지 않고 힘을 합치면 서로에게 어떤 이익이 생길지 열심히 설명했습니다. 풀먼도 귀 기울여 들었지만 확신이 생기지는 않았습니다. 마지막으로 풀먼이 물었습니다. "그럼 새로 만드는 회사 이름은 어떻게 하죠?" 그러자 카네기가 기다렸다는 듯이 대답했습니다. "아, 당연히 풀먼 객차 회사라고 해야죠!" 풀먼은 얼굴이 밝아지더니 이렇게 말했지요. "제 방으로 가실까요? 그 이야기를 좀 더 나눠 보시죠." 그날 저녁 대화로 미국 산업 역사의 한 획이 그어졌지요.

동료의 이름을 기억하고 존중해 주는 것이야말로 앤드루 카네기 리더십의 결정적인 비결이었습니다.

상대방의 이름을 존중해야 한다

대다수의 사람이 다른 사람들의 이름을 기억하지 못하는 이유는 단순합니다. 다른 사람들의 이름을 기억하는 데 굳이 시간과 에너지를 쓰고 싶지 않은 것입니다. 바쁘다는 핑계를 대면서 말이죠. 그런데 아무리 바빠도 미국 대통령 프랭클린 루스벨트*만큼 바쁠까요? 루스벨트 대통령처럼 바쁜 사람도 정비공 이름을 기억하는 데 시간을 아끼지 않았습니다.

이런 일이 있었습니다. 프랭클린 루스벨트는 다리가 불편해 일반 자동차를 운전할 수 없었습니다. 그래서 크라이슬러 자동차 회사는 대통령을 위해 자동차 한 대를 특수하게 제작했습니다. 체임벌린은 정비공 한 명과 그 자동차를 가지고 백악관으로 갔지요. 체임벌린은 자신이 경험한 일을 편지에 써서 저에게 보냈습니다.

* 프랭클린 루스벨트(1882~1945)는 미국의 제32대 대통령이다. 미국의 경제 대공황을 극복하기 위해 정부가 경제 활동에 적극 개입하는 '뉴딜 정책'을 강력하게 추진했다.

"저는 루스벨트 대통령님께 특수하게 제작된 자동차의 조작법을 가르쳐 드렸습니다. 그런데 대통령님은 저에게 사람을 대하는 법을 가르쳐 주셨습니다.

백악관에 도착하니 대통령님은 제 이름을 부르며 반갑게 맞아 주셨습니다. 특히 제가 알려드리는 사항들에 아주 많은 관심을 보이셨죠. 자동차는 손으로만 운전할 수 있도록 제작되었습니다. 구경하러 모여든 백악관 사람들에게 대통령님은 이 자동차를 칭찬하며 이렇게 말씀하셨습니다. '체임벌린 씨, 이 훌륭한 자동차를 개발해 주셔서 정말 감사합니다.'

대통령님은 라디에이터, 백미러, 시계, 특수 조명등, 실내 장식, 운전자 좌석, 트렁크 안에 있는 슈트케이스까지 제가 신경 써서 만든 부분에 대해 빠짐없이 언급하셨습니다. 영부인, 노동부 장관, 비서실장에게도 하나하나 보여 주셨습니다. 심지어 흑인 짐꾼을 불러 '조지, 이 슈트케이스는 특별히 조심히 다뤄 주게나'라고 말씀하셨습니다.

운전 교습이 끝나자 대통령님은 연방준비제도(FRS) 이사회를 30분이나 기다리게 했으니 이제 가 봐야겠다고 했습니다. 저와 함께 간 정비공은 대통령님께 처음에 인사만 나눴을 뿐 한 번도 대화를 나누진 않았습니다. 그런데 대통령님은 떠나실 때 정비공에게 악수를 건네고 이름을 부르며 워싱턴까지 와 줘서 고맙다고 말씀하셨습니다. 겉치레가 아니라 진심 어린 인사였습니다."

프랭클린 루스벨트는 사람들에게 호의를 얻는 법을 잘 알고 있었습니다. 그 방법은 아주 간단하고 분명하고 중요합니다. 사람들의 이름을 기억하고, 그들이 중요한 사람이 된 것처럼 느끼게 해 주는 것입니다. (Franklin D. Roosevelt knew that one of the simplest, most obvious and most important ways of gaining good will was by remembering names and making people feel important.)

1. 이름을 기억하고 불러 주는 것 자체가 효과적인 인정과 칭찬이다.
2. 사람들은 누구나 자신의 이름을 중요하게 생각한다.
3. 상대방의 이름을 기억하고, 상대방이 스스로 중요한 사람이 된 것 처럼 느끼게 해 주자.

 실천하기

새 학기가 되면 새 학급에서 새 친구들을 만납니다. 새로 만난 친구들의 이름을 기억하고 먼저 불러 주세요. 그럴 때 친구들이 어떤 반응을 보이는지 잘 확인해 보세요.

7장

경청하는 사람이 되자
Be a good listener

경청은 상대방에 대한 최고의 찬사다

　최근에 어느 파티에 초대되었습니다. 거기서 한 금발의 부인을 만났죠. 그녀는 제가 로웰 토머스라는 라디오 저널리스트의 매니저였다는 사실을 알고 있었어요. 또한 그가 진행하는 여행 프로그램을 준비하기 위해 함께 여행을 다녔다는 사실도 알고 있었습니다. 그래서 저에게 여행 이야기를 들려 달라고 하더군요.

　우리는 소파에 앉았습니다. 그런데 앉자마자 부인은 최근에 남편과 아프리카 여행을 다녀왔다고 했습니다. 그래서 제가 이렇게 말했지요. "아프리카요? 정말 흥미로웠겠네요. 저는 알제리의 수도 알제에 24시간 머문 것 말고는 한 번도 가 본 적이 없어요. 아프리카 이야기를 좀 더 듣고 싶군요."

부인은 그때부터 45분간 주구장창 아프리카 여행 이야기만 했습니다. 제 여행 이야기는 다시는 묻지 않더라고요. 제 이야기를 듣고 싶어 하지 않았습니다. 부인이 원했던 건 자기 이야기에 귀 기울여 줄 사람이었습니다. 부인이 특이한 사람일까요? 아닙니다. 대부분의 사람이 그렇답니다.

또 한 번은 어느 만찬회에서 유명한 식물학자를 만났습니다. 식물학자와 처음 이야기를 나눠 봐서 그런지 무척 재미있었습니다. 마약의 원료가 되는 식물부터 실내 정원 가꾸는 법, 감자에 숨은 비밀 등 그의 이야기를 듣고 있으니 시간 가는 줄 몰랐습니다. 특히 저도 조그마한 실내 정원을 꾸미고 있는데 몇 가지 고민하고 있던 문제를 그가 말끔히 해결해 주었습니다. 이렇게 이야기를 하다 보니 어느새 시간은 자정이 되었고 우리는 작별인사를 나눴지요.

식물학자는 만찬회를 베푼 주인에게 저에 대한 칭찬을 늘어놓았다고 합니다. 제가 아주 재미있게 대화를 잘하는 사람이라고 하면서요. 재미있게 대화를 잘한다고요? 거의 아무 말도 하지 않았는데 말이죠. 저는 단지 이야기를 열심히 들었을 뿐입니다. 물론 저도 이야기에 관심이 있으니 경청했던 것이고, 식물학자도 그걸 느꼈을 겁니다. 이러한 경청은 우리가 상대방에게 보일 수 있는 최고의 찬사입니다. (That kind of listening is one of the highest compliments we can pay anyone.)

잭 우드포드는 "상대방의 이야기를 열심히 듣는 것은 거의 모든 사람이 좋아하는 은밀한 아부"라고 말했습니다. 저는 여기서 한 발 더 나아가 진심으로 인정과 칭찬을 아끼지 않았습니다. 그 식물학자에게 정말 재미있고 많이 배웠다고 말해 주었지요. 당신처럼 많은 지식을 쌓고 싶다고, 함께 자연 속을 거닐고 싶다고, 다시 꼭 만나고 싶다고 진심으로 말했습니다.

성공적인 대화의 비결

성공적인 대화의 비결은 무엇일까요? 하버드 대학 총장이었던 찰스 앨리엇 박사는 이렇게 말합니다. "성공적인 대화의 비결은 따로 없습니다. … 지금 당신 앞에 있는 사람의 말에 집중하는 게 가장 중요합니다. 집중해서 이야기를 들어주는 것 말고는 무엇도 상대방의 기분을 좋게 만들 수 없습니다. (There is no mystery about successful business intercourse … Exclusive attention to the person who is speaking to you is very important. Nothing else is so flattering as that.)" 너무도 분명하지 않나요? 굳이 하버드 대학을 4년 동안 다니지 않아도 누구나 알 수 있는 내용입니다.

하지만 여전히 성공적인 대화의 비결을 모르는 사람이 아주 많습니다.

카네기 인간관계 수업을 듣는 우튼이라는 사람은 이런 이야기를 들려주었습니다. 어느 날 백화점에서 정장 한 벌을 샀습니다. 그런데 집에 와서 보니 정장이 무척 실망스러웠습니다. 상의에서 물이 빠져 와이셔츠 깃에 얼룩이 졌지요. 우튼은 정장을 들고 매장 직원을 찾아가 이야기했습니다. 아니, 이야기하려고 했지만 아무 말도 하지 못했어요. 직원이 말을 가로막았기 때문이죠.

매장 직원은 "우리는 정장 수천 벌을 팔았지만 이런 문의는 처음이네요"라고 말했습니다. 말투는 더 공격적이었어요. 마치 '어디서 거짓말을 하는 거죠? 우리에게 덮어씌우려는 건가요?'라고 말하는 것 같았습니다. 이런 와중에 다른 직원이 끼어들었습니다. "그 가격대의 진한 색 정장은 처음엔 물이 다 빠져요."

첫 번째 직원은 우튼이 정직하지 못하고, 두 번째 직원은 싸구려를 샀다고 비아냥거리는 듯했습니다. 우튼은 당장이라도 욕을 퍼붓고 싶었지만, 옆을 지나가던 점장은 화가 난 고객의 태도를 180도 바꿔놓았습니다. 점장은 세 가지를 했습니다.

첫째, 고객의 이야기를 처음부터 끝까지, 중간에 끼어들지 않고 모두 들어주었습니다.

둘째, 고객의 이야기가 끝나고 직원들이 반박하려 하자 점장은 고객 편에서 그들에게 지적했습니다. 정장에 문제가 있다는 점을 지적하고는 이 매장에서 만족스럽지 못한 물건은 팔지 말라고 지시했죠.

셋째, 점장은 정장에 문제가 있다는 점을 몰랐다고 솔직히 인정하며 이렇게 말했습니다. "양복을 어떻게 해 드리면 좋을까요? 말씀해 주시면 그대로 하겠습니다."

우튼은 몇 분 전만 해도 빌어먹을 정장을 당장 던져 버리려고 했지만, 점장의 말을 듣고 이렇게 말했습니다. "어떻게 해야 할지 조언을 주세요. 이런 현상은 일시적인 거겠죠? 어떻게 하면 될까요?" 점장은 "정장을 한 주만 더 입어 보고 계속 문제가 있다면 교환해 드리겠습니다. 불편하게 해드려 진심으로 죄송합니다"라고 대답했습니다.

우튼은 점장의 응대에 만족해하며 매장을 나왔습니다. 한 주가 지나니 정장도 괜찮아졌습니다. 그는 매장에 대한 신뢰가 완전히 회복되었습니다.

아무리 불평이 많은 사람도, 심지어 독사처럼 주변에 독을 뿌리듯 극심하게 남을 비판하는 사람도 이해심을 가지고 묵묵히 이야기를 들어주는 사람 앞에서는 마음이 누그러지게 마련입니다. (The chronic kicker, even the most violent critic, will frequently soften and be subdued in the presence of a patient, sympathetic listener—a listener who will he silent while the irate fault-finder dilates like a king cobra and spews the poison out of his system.)

좋은 인상을 주고 싶다면 경청하자

오래전에 있었던 일입니다. 네덜란드에서 이민 온 어느 가난한 소년이 방과 후에 빵집에서 유리창 닦는 일을 했습니다. 일주일에 단돈 50센트를 받고 말이죠. 집이 너무 가난해 길거리로 나가 석탄 마차에서 떨어진 석탄 부스러기를 주워 모으기도 했습니다. 에드워드 보크라는 이 소년은 평생 동안 학교를 6년도 채 다니지 못했습니다. 그럼에도 미국 언론 역사상 가장 성공적인 잡지 편집자가 되었지요. 성공의 비결이 무엇이었을까요? 그 과정 전체를 말하자면 길지만 어떻게 시작했는지는 짧게 말할 수 있어요. 바로 이 장에서 말하는 원리를 적용한 것이죠.

보크는 13살에 학교를 그만두고 웨스트유니온이라는 회사의 사환(심부름꾼)으로 일했습니다. 하지만 한 번도 공부에 대한 꿈을 버리지 않았던 그는 독학을 시작했습니다. 차비와 점심값을 아껴 가며 『미국 위인전 전집』을 샀습니다. 그리고는 아무도 생각지 못한 일을 했어요. 위인전의 주인공들에게 어린 시절 이야기를 더 들려 달라고 편지를 보낸 것입니다.

보크는 다른 사람의 이야기를 경청하는 데 뛰어난 능력을 가진 사람이었습니다. 유명 인사들에게 자신의 이야기를 들려 달라고 했지요. 당시 대통령 선거에 출마한 제임스 가필드 장군에게 젊은 시절 운하에서 배를 견인하는 일을 한 게 사실인지 물었습니다.

이에 가필드 장군은 보크에게 답장을 보내 줬습니다. 보크는 그랜트 장군에게 어떤 전투에 관해 물어보기도 했는데, 이때 그랜트는 지도를 그려 설명해 주었고 열네 살 소년을 저녁 식사에 초대하기도 했습니다.

회사에서 일개 사환으로 일하던 소년은 이제 미국의 유명인들과 편지를 주고받는 사이가 되었습니다. 에머슨, 필립스 브룩스, 올리버 웬델 홈스, 롱펠로, 링컨 여사, 루이자 메이 올콧, 셔먼 장군, 제퍼슨 데이비스 같은 사람들이 그 주인공이었죠. 보크는 위인들과 편지만 주고받은 게 아니라 휴가를 내 직접 방문했고 극진한 환대를 받았습니다. 이러한 경험들은 소년에게 자신감을 불어넣었을 뿐 아니라 비전과 꿈을 가지게 했습니다. 다시 한번 강조하지만, 이 모든 일이 가능했던 것은 이 장에서 말하고 있는 원리를 잘 적용했기 때문입니다.

유명 인사 인터뷰 분야에서 최고 전문가로 알려진 아이작 마커슨도 많은 사람이 상대방에게 좋은 인상을 주지 못하는 이유를 열심히 듣지 않아서라고 말했습니다. "사람들은 다음에 자신이 할 말을 생각하느라 상대방의 말에 귀 기울이지 않습니다. 하지만 유명 인사들도 말을 잘하는 사람보다 말을 잘 듣는 사람을 더 좋아했습니다. 하지만 경청은 아무나 갖고 있지 않은 특별한 능력인 것 같아요. (They have been so much concerned with what they are going to say next that they do not keep their ears open. Very important people have told me that they prefer good listeners to good talkers, but the ability to listen seems rarer than almost any other good trait.)"

남북 전쟁이 혼란에 빠질 즈음 링컨은 일리노이주에 사는 옛 친구에게 편지를 보내 워싱턴으로 와 달라고 요청했습니다. 의논할 문제가 있다고 하면서요. 친구가 백악관에 찾아오자 링컨은 노예 해방*을 선언하는 것이 바람직한지에 관한 문제로 몇 시간을 이야기했습니다. 노예 해방을 찬성하는 입장과 반대하는 입장을 모두 검토했지요. 그렇게 몇 시간을 이야기한 뒤 친구를 돌려보냈습니다. 친구에게는 한마디 의견도 묻지 않고, 링컨은 혼자서 떠들었습니다.

그런데 그러면서 링컨은 자신의 생각이 정리되었습니다. 친구는 "대통령은 이야기를 마치고 마음이 좀 더 편안해진 것 같았어요"라고 말했습니다. 링컨은 충고를 바랐던 것이 아닙니다. 다만 자신의 이야기를 들어주고 공감해 줄 사람이 필요했던 것입니다. 우리가 어떤 문제에 부딪힐 때 필요한 게 바로 이것입니다. 화가 난 고객에게, 불만을 품은 직원에게, 상처를 받은 친구에게 필요한 건 바로 경청과 공감이지요. (Lincoln hadn't wanted advice. He had wanted merely a friendly, sympathetic listener to whom

* 에이브러햄 링컨 대통령은 1863년 1월 1일 미국 남부 주의 노예를 모두 해방한다는 선언을 발표했다. 이를 통해 자유와 평등을 강조하는 미국 독립 정신을 실현하고자 했다.

he could unburden himself. That's what we all want when we are in trouble. That is frequently all the irritated customer wants, and the dissatisfied employee or the hurt friend.)

여러분과 이야기를 나누는 사람은 여러분에게 관심이 없습니다. 그들은 자신의 욕구와 자신의 문제에 100배나 더 관심이 많다는 사실을 기억하세요. 그에게 자신이 앓는 충치는 수백만 명의 중국인이 굶어 죽는 문제보다 더 심각합니다. 그의 목에 있는 종기가 아프리카의 지진보다 더 신경 쓰입니다. 누군가와 대화할 때 이 점을 꼭 명심하세요.

핵심정리

1. 경청은 우리가 상대방에게 보일 수 있는 최고의 찬사다.
2. 성공적인 대화의 비결은 앞에 있는 사람의 말에 집중하는 것이다.
3. 어떤 문제에 부딪힌 사람에게 가장 필요한 건 충고가 아니라 경청과 공감이다.

 실천하기

친구나 형제가 고민 상담을 하거나 어떤 말을 하고 싶어 할 때 잘 경청해 주세요. 섣부르게 충고하거나 자기 생각을 서둘러 말하기보다 친구의 말에 최대한 공감하려고 노력해 보세요. 이럴 때 친구나 형제의 반응은 어떤지도 살펴보세요.

8장

상대방의 관심사에 맞춰 이야기하자
Talk in terms of the other person's interests

다른 사람의 관심을 끄는 최고의 방법

    루스벨트 대통령을 방문한 사람이라면 누구나 대통령의 해박하고 풍부한 지식에 감탄합니다. 대화의 주제가 카우보이든, 기병대든, 뉴욕의 정치인이나 외교관이든 루스벨트는 모르는 게 없었지요. 어떻게 이런 일이 가능할까요? 답은 단순합니다. 루스벨트 대통령은 손님이 방문하는 전날 밤늦게까지 그 손님의 관심 주제를 공부했습니다.

    다른 지도자들처럼 루스벨트도 상대방의 마음으로 가는 최고의 길은 그 사람이 소중하게 여기는 바를 이야기하는 것이라는 사실을 잘 알고 있었습니다. (For Roosevelt knew, as all leaders know, that the royal road to a person's heart is to talk about the things he or she treasures most.)

예일대 교수인 윌리엄 라이언 펠프스는 어린 시절부터 이 교훈을 알고 있었습니다. 그는 『인간의 본성』이라는 책에서 이런 말을 했지요.

"나는 8살 때 고모 집에서 주말을 보낸 적이 있다. 하루는 한 중년 남성이 고모 집을 찾아왔다. 고모와 잠시 이야기를 나누더니 내게 관심을 보여 주었다. 당시 나는 보트에 푹 빠져 있었다. 그분은 나와 보트 이야기를 재미있게 나눴다. 그분이 돌아가고 나는 고모에게 아까 이야기를 나눈 분이 멋진 사람이고 보트에도 관심이 많다고 말했다. 그런데 고모는 그분이 뉴욕에서 온 변호사인데 보트에는 전혀 관심이 없다고 했다. 나와 보트 이야기를 재미있게 나눈 건 나를 배려한 행동이라고 말했다. 나는 고모의 말씀을 지금까지도 잊지 못한다."

관심을 받고 싶다면 먼저 관심을 가져야 한다

이번 장을 쓰고 있는데 보이스카우트 운동에 헌신적인 에드워드 찰리프라는 사람이 편지를 보냈습니다. 여기서 편지 내용을 소개해 볼게요.

"어느 날 도움을 요청할 일이 생겼습니다. 유럽에서 잼버리 대회가 열리는데 우리 보이스카우트 단원 중 한 명에게 후원이 필요했죠. 그래서 어느 대기업 사장님에게 후원을 요청하고자 했습니다. 그런데 제가 그분을 만나기 전에 어디선가 이런 이야기를 들었습니다. 그분이 발행한 100만 달러짜리 수표가 취소되어 그걸 액자에 보관하고 있다고 말입니다. 저는 사무실에 들어가자마자 수표 이야기부터 꺼냈습니다. 제가 진심으로 관심을 보이자 사장님은 수표가 어떻게 발행되었는지 자세히 이야기해 주었습니다.

얼마 지나고 사장님은 그런데 무슨 일로 찾아왔냐고 묻더군요. 그제야 저도 제가 온 목적을 말씀드렸습니다. 놀랍게도 그분은 저를 포함해 보이스카우트 단원 다섯 명을 후원해 주었고, 유럽에서 7주 동안 머물다 오라고 1,000달러를 기부해 주었습니다. 게다가 유럽 지사장에게 편의를 제공해 달라는 편지를 썼고, 지사장도 직접 우리를 찾아와 파리 시내를 구경시켜 주었습니다. 심지어 사장님은 부모가 없는 아이들에게 일자리까지 제공해 주었지요. 만약 제가 사장님의 관심사를 몰랐다면, 그래서 먼저 마음을 열지 못했다면 이런 꿈같은 혜택이 찾아오지 않았을 겁니다."

뉴욕 최고의 제빵업자인 뒤버노이도 이 방법을 적용했습니다. 그는 뉴욕의 어느 호텔에 빵을 공급하고 싶었습니다. 그래서 무려 4년 동안 매주 호텔 대표를 찾아갔습니다. 대표가 참여하는 사교 모임도 나가고 아예 호텔에 투숙하기도 했죠. 이 모든 게 빵을 팔기 위한 노력이었지만 모두 허사였습니다.

인간관계의 원리를 배운 뒤버노이는 전략을 바꾸기로 합니다. 대표가 가장 관심을 갖는 일을 알아내기로 한 것이죠. 대표는 미국 호텔인 협회에서 활동하고 있었습니다. 그런데 열정이 넘쳐 협회의 회장직까지 맡고 있었답니다. 나중에는 세계 호텔인 협회 회장까지 역임했습니다. 협회 모임이 열리는 곳이라면 그 어디라도 참석했습니다.

그래서 뒤버노이는 다음에 대표를 만날 때 협회 이야기를 꺼냈습니다. 그러자 대표의 반응은 놀라웠습니다. 무려 30분 동안이나 쉬지 않고 협회 이야기를 하는 것이었습니다. 이 활동이 그에게는 취미이자 평생의 열정을 쏟는 것이었습니다. 뒤버노이는 빵에 관해서는 한마디도 하지 않았습니다. 그런데 며칠 후 호텔 직원이 샘플과 가격표를 요청했습니다. 그러면서 이렇게 말했지요. "우리 대표님께 무슨 짓을 하신 거죠? 아무튼 확실히 당신에게 넘어간 것 같군요."

뒤버노이는 빵을 납품하려고 4년 동안 호텔 대표를 쫓아다녔습니다. 만약 그분의 관심사를 알려고 하지 않았다면 지금도 그러고 있었을 겁니다.

핵심정리

1. 다른 사람의 관심을 끄는 최고의 방법은 그의 관심사를 이야기하는 것이다.
2. 먼저 상대방의 관심사를 이야기하면 결국 원하는 것을 얻을 수 있다.

실천하기

친한 친구의 최대 관심사는 무엇인가요? 그 친구와 대화할 기회가 생긴다면 처음부터 끝까지 친구의 관심사를 가지고 이야기해 보세요. 이때 친구의 반응은 어떤지도 확인해 보세요.

9장

상대방이 중요한 사람이라고 느끼게 만들자
Make the other person feel important

세상에서 가장 중요한 법칙

  어느 날 저는 우편을 보내려고 우체국에서 줄을 서고 있었습니다. 그때 다소 무기력해 보이는 우체국 직원이 눈에 들어왔습니다. 우편 무게를 달고 우표를 주고 잔돈을 거슬러 주고 영수증을 발행하는 단조로운 일이 반복되었습니다. 그래서 저는 이런 생각을 했죠. '저 친구가 날 좋아하게 만들어 보자. 저 친구에게 진심으로 칭찬할 만한 것이 없을까?'

  처음 본 사람에게 칭찬거리를 찾는 건 쉽지 않습니다. 하지만 이번에는 그리 어렵지 않았죠. 바로 칭찬할 점을 찾아냈습니다. 그가 내 우편의 무게를 재는 동안 저는 이렇게 말했습니다. "헤어스타일이 멋지시네요." 그는 약간 놀란 듯했지만 곧 미소를 지으며 대꾸했습니다. "아니에요. 예전만큼은 아닌걸요." 저는 그의 머리가 젊은 시절만큼은 아니겠지만 여전히 멋지다고 말해 주었습니다. 우리는 즐거운 담소를 나눴고, 마지막으로 그는 이렇게 말했습니다. "제 머리를 부러워하는 사람들이 많긴 했어요."

그날 우체국 직원은 구름 위를 걷는 기분으로 점심을 먹으러 나갔을 것입니다. 퇴근하고 집에 가서는 아내에게 저와 나눈 이야기를 들려줬을 테고요. 거울을 보면서 "내 헤어스타일이 괜찮긴 하네"라고 흐뭇해했을 것입니다.

저는 그에게 무언가를 바라고 칭찬하지는 않았습니다. 그저 무언가를 바라지 않고도 누군가에게 진심으로 칭찬을 베풀고 작은 행복을 나누는 추억만 얻길 바랐으니까요.

인간의 행위에는 중요한 법칙이 하나 있습니다. 이 법칙을 따르면 어떤 문제도 찾아오지 않을뿐더러 수많은 친구를 얻고 영원한 행복을 누릴 수 있습니다. 하지만 이 법칙을 어기면 끝없는 불행에 빠지고 말지요. 그 법칙은 바로 이것입니다. 언제나 상대방이 스스로를 중요한 사람이라고 느끼게 만들자. (Always make the other person feel important.)

앞에서도 말했지만 존 듀이 교수는 '인정받고 싶은 욕망'이 인간의 가장 깊은 충동이라고 했습니다. 윌리엄 제임스 교수도 인간의 본성 가장 깊숙한 곳에 있는 것이 바로 '인정받고자 하는 갈망'이라고 했고요. 이미 지적했듯이 이런 충동이 인류의 문명을 이끌었다는 사실이 우리가 동물과 다른 점입니다.

성인들과 현자들은 수천 년 동안 인간관계의 원리를 깊이 생각한 끝에 중요한 교훈 하나를 발견했습니다. 이 교훈은 새로운 것이 아니라 인간의 역사만큼 오래된 진리였지요. 조로아스터부터 공자, 노자, 힌두교, 예수 모두 이 진리를 가르쳤어요. 예수는 '황금률'이라고 불리는 이 법칙을 간단명료하게 표현했습니다.

"남에게 대접받고자 하는 대로 남을 대접하라. (Do unto others as you would have others do unto you.)"

사람들은 누구나 다른 사람에게 인정받고 싶어 합니다. 싸구려 칭찬이나 가짜 인정이 아닌 자신이 가진 진정한 가치를 인정받길 원합니다. 그러므로 황금률을 따라 남이 나를 인정해 주길 바라는 것처럼 나도 남을 인정해 주어야 합니다. 언제, 어디서 그렇게 해야 할까요? 바로 언제나 어디서나 그렇게 해야 합니다.

진심 어린 칭찬이 가진 힘

저는 라디오시티 빌딩에서 어느 안내원에게 헨리 서베인 씨의 사무실이 어디인지 물어본 적이 있습니다. 단정한 유니폼을 입은 안내원은 자부심 있는 태도로 깔끔하고 분명하게 안내해 주었습니다. "헨리 서베인 씨는 (잠시 끊고) 18층 (잠시 끊고) 1816호에 계십니다."

저는 엘리베이터로 서둘러 가다가 말고 다시 돌아와 말했습니다. "제 질문에 답변을 잘해주셔서 감사합니다. 덕분에 알아듣기가 쉬웠습니다." 그러자 안내원은 기분이 좋은 듯 자신이 왜 중간중간 끊어서 대답했는지 이유를 들려주었습니다. 제 칭찬 몇 마디에 상대의 기분을 좋게 만든 거지요. 18층으로 올라가면서 그날 오후 저는 인류의 행복 총량에 조금이나마 보탬이 된 것 같다는 생각이 들었습니다.

칭찬과 인정의 철학은 언제나 누구에게나 실천할 수 있습니다. 예를 들어 볼까요? 식당에서 감자튀김을 주문했는데 으깬 감자가 나왔다고 해 봅시다. 이럴 때 이렇게 말하는 겁니다. "번거롭게 해서 죄송한데요, 저는 감자튀김을 주문했던 것 같아요." 그러면 종업원도 죄송하다고 말하며 기꺼이 감자튀김으로 바꿔 줄 것입니다. "번거롭게 해서 죄송하지만" "부탁드려도 될까요?" "실례하지만" "감사합니다"처럼 상대방을 배려하고 인정하는 표현은 무미건조한 일상을 부드럽게 돌아가게 하는 윤활유 역할을 합니다.

진심 어린 칭찬이 가진 힘을 보여주는 또 하나의 사례를 소개할게요. 홀 케인이라는 영국의 소설가가 있었습니다. 그가 지은 『크리스천』, 『재판관』, 『맨 섬의 사람들』과 같은 소설은 이미 수백만 명의 사람들이 읽었습니다. 그는 대장간 집 출신이고 학교 교육을 받은 기간도 8년밖에 되지 않았지만, 세상을 떠날 무렵에 소설가로서 가장 돈을 많이 번 사람이 되었지요.

홀 케인은 소네트와 발라드라는 장르를 좋아했습니다. 그래서 단테 가브리엘 로세티가 지은 시를 모두 외울 정도였지요. 심지어 로세티를 위한 찬사의 글을 써서 직접 로세티에게 보내기도 했습니다. 로세티는 기뻐하며 이렇게 생각했을 것입니다. '나의 능력을 이렇게까지 알아봐 준 친구라면 아마 대단한 능력자일 거야.' 로세티는 이 대장간 집 아들을 런던으로 불러 자신의 비서로 삼았습니다. 이 일은 케인에게 인생의 전환점이 되었지요. 당대의 유명한 작가들을 만날 기회를 얻었고 그들의 충고와 격려를 받으며 작가의 경력을 시작할 수 있었습니다.

맨 섬에 있는 그의 저택 그리바 캐슬은 유명한 관광 명소가 되었습니다. 유산으로는 무려 250만 달러를 남겼지요. 그가 유명한 시인을 위한 찬사의 글을 쓰지 않았다면 아마 평생 가난한 무명작가로 살다가 세상을 떠났을지도 모릅니다. 이것이 진심 어린 칭찬과 인정이 가진 힘입니다. 로세티도 자신을 중요한 사람이라고 생각했습니다. 놀라운 일이 아니에요. 세상의 거의 모든 사람은 자신이 중요한 사람이라고 생각하니까요.

마지막으로 코닥 카메라 회사의 설립자인 조지 이스트먼의 이야기를 소개하고자 합니다. 그는 영화 촬영을 가능하게 한 투명 필름을 발명하고 수억 달러를 벌어들인 세계 최고의 사업가였습니다. 이런 엄청난 업적에도 불구하고 그는 우리와 마찬가지로 누군가의 인정을 받길 추구하는 사람이었습니다.

예전에 이스트먼은 로체스터 대학교에 이스트먼 음악대학을 세우면서 어머니를 추모하는 킬본 홀이라는 공연장을 지으려고 했습니다. 슈피리어 의자 회사 사장인 제임스 애덤슨은 새로 짓는 이 공연장에 의자를 공급하고 싶었습니다. 애덤슨은 건축가에게 부탁해 이스트먼을 만날 수 있었습니다. 그런데 건축가는 이렇게 말했습니다. "이번 계약을 꼭 성사시키고 싶으시다면, 이스트먼 씨의 시간을 5분 이상 빼앗으면 안 됩니다. 아주 바쁘고 엄격한 분이시거든요. 이야기를 가능한 한 빨리 끝마치고 나오세요." 애덤슨도 그렇게 하리라고 마음먹었습니다.

사무실로 들어가자 이스트먼은 책상에 가득 쌓인 서류더미를 들여다보고 있었습니다. 이윽고 건축가의 소개로 서로 인사를 나눈 뒤 애덤슨은 이렇게 말했습니다. "이스트먼 씨, 기다리는 동안 잠깐 사무실을 둘러보았는데 이런 곳이라면 일할 맛이 날 것 같습니다. 아시다시피 저는 인테리어 목공 일을 하고 있는데 평생 이렇게 아름다운 사무실은 본 적이 없거든요." 그러자 이스트먼이 대답했지요. "당신 덕분에 제가 잊고 지내던 게 생각나네요. 저도 이 사무실을 처음 만들었을 때 무척 흐뭇했습니다. 그런데 일에 치이다 보니 이제 사무실이 눈에 안 들어오더군요."

애덤슨은 방 한쪽의 벽을 만지면서 "이건 영국산 오크나무네요. 이탈리아산 오크와는 질감이 다르죠"라고 말했습니다. 이스트먼도 "맞아요. 수입한 영국산 오크나무죠. 고급 목재만 취급하는 친구가 골라 준 겁니다"라고 대꾸했습니다. 그러면서 사무실 여기저기를 구경시켜 주었지요. 게다가 인류의 행복에 기여하기 위해 설립한 로체스터 대학, 종합병원, 동종요법병원, 노숙자 쉼터, 아동병원 이야기도 들려주었습니다. 애덤슨은 이스트먼의 고귀한 생각에 진심 어린 존경을 표했습니다. 대화는 가난한 어린 시절부터 사업 초기에 겪은 우여곡절까지 쉴 새 없이 이어졌지요. 애덤슨은 5분 이상 시간을 빼앗으면 안 된다는 경고를 받았지만 벌써 두 시간째 대화를 나누고 있었습니다.

이스트먼은 애덤슨에게 말했습니다. "저번에 일본에서 의자를 사서 베란다에 두었는데 햇빛에 칠이 벗겨지더라고요. 그래서 페인트를 사다가 직접 칠했죠. 의자를 어떻게 칠했는지 한번 보시겠어요? 우리 집에 가서 함께 점심을 하면서 보시죠."

이스트먼은 공연장의 의자를 누구에게 주문했을까요? 애덤슨일까요, 아니면 다른 경쟁자일까요? 이날의 만남 이후로 이스트먼이 세상을 떠날 때까지 두 사람은 가까운 친구로 지냈답니다.

이미 여러분은 이 책을 충분히 읽었습니다. 이제 책을 덮고 당장 가까운 가족이나 친구에게 이 책에서 배운 인정과 칭찬의 원리를 적용해 보세요. 그리고 어떤 마법이 일어나는지 지켜보세요.

핵심정리

1. 상대방이 스스로 중요한 사람이라고 느끼게 만들자. 그리고 진심으로 그 사람을 인정하자.
2. 인정과 칭찬의 원리를 적용해 보자. 진심 어린 칭찬이 힘을 발휘할 것이다.

실천하기

상대방이 스스로 중요한 사람이라고 느끼게 만들려면 어떻게 해야 할까요? 가까운 친구나 가족 중 한 명을 선택해 앞에서 배운 인정과 칭찬의 원리를 적용해 봅시다.

3부

상대방을 설득하는
방법 12가지

10장

논쟁에서 이기는 유일한 방법은 논쟁을 피하는 것이다

The only way to get the best of an argument is to avoid it

아무도 논쟁을 이길 수 없다

어느 날 밤, 연회에 초대되어 간 자리에서 저는 귀중한 교훈을 얻었습니다. 제 옆 자리에 앉은 사람이 유명한 격언 이야기를 꺼내더군요. "인간이 일을 계획할지라도 최종 결정은 신이 내린다." 그 사람은 이 격언이 『성경』에 나온다고 말했습니다. 하지만 그 말은 틀렸습니다. 그래서 저는 이렇게 말했죠. "아니에요. 그 격언은 셰익스피어*에 나오는 말입니다."

저는 제 스스로 중요한 사람처럼 느끼고 싶었고 그 사람보다 우월하다는 걸 보여 주고 싶었지요. 그래서 상대방이 요청하지도 않았고 반겨 주지도 않았지

* 셰익스피어(1564~1616)는 영국이 낳은 세계 최고의 극작가다. 대표적인 작품으로 『로미오와 줄리엣』『베니스의 상인』『햄릿』『맥베스』 등이 있다.

만 굳이 나서서 오류를 고치려고 했습니다. 그러자 그 사람은 이렇게 대꾸했습니다. "뭐라고요? 그럴 리 없어요. 이 말은『성경』에 나온 거라고요. 내가 맞다니까요!"

저는 그 자리에 있던 친구에게 이 문제를 판단해 달라고 요청했습니다. 그 친구는 셰익스피어를 전공해 누구보다도 이 문제를 잘 알고 있었으니까요. 그런데 내 말을 듣자마자 친구는 탁자 밑으로 내 발을 툭 치고는 이렇게 말하는 것이었습니다. "카네기, 자네가 틀렸네. 이분 말씀이 옳아.『성경』에 나오는 말씀이라고."

그날 밤 집으로 돌아오는 길에 저는 친구에게 물었습니다. "자네, 그 격언이 셰익스피어에 나온다는 거 알고 있었잖아?" 그러자 친구가 대답했죠. "물론이지,『햄릿』5막 2장에 나와. 그런데 우리는 연회에 손님으로 가지 않았나. 왜 꼭 그 사람이 틀렸다는 걸 밝혀야 해? 그런다고 그 사람이 자넬 좋아할까? 그냥 체면을 살려줘도 좋잖아? 그 사람은 자네에게 의견을 묻지도 않았어. 그런데 그 사람하고 굳이 논쟁을 해서 뭐해? 날선 대립은 일단 피하고 보는 법이야."

"날선 대립은 일단 피하라!" 저는 그 친구가 남긴 교훈을 지금까지도 소중히 간직하고 있습니다.

저는 논쟁을 참 좋아하는 사람이었습니다. 어릴 때부터 아무 주제나 가지고 형과 논쟁하는 걸 좋아했습니다. 대학에서도 논리학과 논증을 공부했고 토론 대회에도 나갔지요. 졸업 후에는 토론과 논증을 가르쳤고, 관련 주제로 책까지 쓰려고 했습니다. 하지만 수많은 논쟁을 지켜보거나 참여하면서 내린 결론이 있습니다. 세상에서 논쟁을 이기는 유일한 방법은 바로 논쟁을 피하는 것입니다. (There is only one way under high heaven to get the best of an argument—and that is to avoid it.)

논쟁을 하고 나면 열에 아홉은 자기 말을 더욱 확신하게 됩니다. 아무도 논쟁을 이길 수 없습니다. 논쟁에서 지면 진 것이고, 이겨도 진 것입니다. 상대방 논리의 허점을 드러내고 그가 틀렸다는 걸 증명했다고 해 봅시다. 당연히 상대방은 기분이 좋을 리 없습니다. 당신에게 열등감만 느낄 뿐입니다. 자존심에 상처를 입고 패배한 것에 화만 날 뿐입니다. 자신의 의지에 맞서 설득당한 사람은 여전히 자신의 생각을 바꾸지 않습니다. (A man convinced against his will is of the same opinion still.)

상대방의 마음을 바꾸는 데 옳고 그름은 중요하지 않다

몇 년 전, 패트릭 오헤어라는 사람이 제가 하는 말하기 수업을 들은 적이 있습니다. 그는 자동차 판매원이었는데 자동차를 그리 많이 팔지 못했습니다. 알고 보니 논쟁을 좋아하는 사람이었죠. 자동차를 사러 오는 사람들과 논쟁을 벌이다가 끝내 고객을 적으로 만들더군요. 물론 고객과 논쟁을 벌여 이길 수는 있어도, 문제는 자동차를 한 대도 팔지 못했다는 것입니다.

패트릭 오헤어에게는 말하기를 가르치는 게 문제가 아니었습니다. 제가 그에게 낸 과제는 말하고 싶어도 참고 언쟁을 피하라는 것이었습니다.

이제 오헤어는 뉴욕 화이트 자동차 회사에서 가장 우수한 자동차 판매원이 되었습니다. 어떻게 이런 일이 가능했을까요? 잠시 그의 이야기를 들어 볼까요?

"제가 고객의 사무실로 찾아가면 고객은 보통 이렇게 말합니다. '어디라고요? 화이트 트럭이요? 저는 후지트 트럭을 더 좋아해요.' 그러면 저는 이렇게 말합니다. '고객님, 맞아요. 후지트 트럭도 좋습니다. 그 트럭을 사면 정말 후회는 안 하실 거예요. 회사도 좋고 판매원들도 훌륭합니다.'

이렇게 말하면 고객의 말문이 막힙니다. 더 이상 논쟁의 여지가 없으니까요. 상대방이 후지트 트럭이 최고라고 했는데 제가 맞장구쳤으니 그는 더 할 말이 없게 되죠. 그럼 이제는 저희 회사 차인 화이트 트럭의 장점을 꺼낼 수 있는 겁니다.

저도 예전에는 고객이 다른 회사 차를 칭찬하면 발끈할 때가 있었습니다. 후지트 트럭을 깎아내리면서 이야기를 시작했어요. 하지만 제가 후지트 트럭을 비난할수록 고객은 그쪽 편으로 점점 기울었습니다. 논쟁을 거듭할수록 그는 우리 경쟁사의 자동차를 살

확률이 더 높아졌어요."

벤저민 프랭클린도 이렇게 말했습니다. "논쟁하고 싸우고 반박하면 승리를 얻을 수도 있다. 하지만 상대방의 호의는 결코 얻지 못하므로 그 승리는 공허할 뿐이다. (If you argue and rankle and contradict, you may achieve a victory sometimes; but it will be an empty victory because you will never get your opponent's goodwill.)"

논쟁을 할 때 여러분이 옳을 수 있습니다. 하지만 상대방의 마음을 바꾸는 것이 목적이라면 여러분이 옳고 그른 건 별 소용이 없다는 사실을 기억하세요.

상대방이 논쟁에서 이기도록 해 주자

카네기 인간관계 수업을 듣는 또 다른 사람 프레드릭 파슨스의 이야기입니다. 그는 소득세 신고 관련 상담을 해주는 세무사였어요. 그런데 어느 날 세무 조사관과 한 시간 넘게 언쟁을 벌였지요. 9,000달러라는 큰돈이 걸린 문제였습니다. 파슨스는 이 돈이 회수할 수 없는 '악성 채권(bad debt)'이므로 세금 부과 대상이 아니라고 주장했습니다. 하지만 세금 조사관은 그 돈도 과세 대상이라고 밀어붙였죠.

파슨스는 제 수업에서 이렇게 이야기했습니다.

"그 세금 조사관은 냉정하고 거만하고 고집 센 사람이었습니다. 논리적으로 말해도 소용없었어요. 논쟁을 할수록 그는 더 완고해졌습니다. 저는 전략을 바꿔 논쟁을 피하고 그를 인정해주기로 마음먹었습니다. 그래서 이렇게 말했지요. '선생님이 다루셔야 할 중요한 문제들도 많을 텐데 이건 지극히 사소한 문제 같아요. 저도 세금을 공부했지만 책으로만 배웠습니다. 하지만 선생님은 현장의 최전선에서 경험하셨을 테지요. 선생님에게 조언을 구하고 싶습니다.' 제 말은 진심이었습니다.

그러자 세무 조사관은 자세를 다시 고쳐 앉더군요. 그러더니 좀 더 편안한 자세로 자신이 하는 일들을 설명해 주었습니다. 말투도 나긋나긋해졌고, 얼마 안 가서는 자기 자녀들 이야기도 하더라고요. 사무실을 나서면서는 제가 제기한 문제를 생각해 보겠다고 했습니다. 며칠 후에 그는 제 사무실에 들러 제가 신청한 그대로 일을 진행하겠다고 알려주었습니다."

세금 조사관은 사람들이 흔히 보이는 약점, 즉 '인정받는 사람이 되고 싶다'라는 욕구를 보여 주고 있습니다. 파슨스와 논쟁을 하는 동안 이 욕구 때문에 큰 소리로 자신이 권위를 내세웠던 거죠. 하지만 파슨스가 인정해 주자 논쟁은 그 자리에서 끝나고 180도 태도가 변했습니다.

여러분도 누구와 논쟁을 하게 된다면 상대방이 그 논쟁에서 이기도록 해 주세요. 부처님도 이렇게 말씀하셨습니다. "미움으로는 절대 미움을 끝낼 수 없다. 오로지 사랑으로만 미움을 끝낼 수 있다. (Hatred is never ended by hatred but by love.)" 오해도 논쟁으로 해결할 수 없습니다. 상대방의 심정을 헤아려 마음을 달래 주고 그 사람의 관점에서 문제를 바라보고 공감할 때 오해도 풀리게 마련입니다.

핵심정리

1. 논쟁을 이기는 유일한 방법은 바로 논쟁을 피하는 것이다.
2. 상대방의 마음을 바꾸는 것이 목적이라면 내 말이 옳고 그른 건 별 소용이 없다.
3. 상대방이 논쟁에서 이기도록 해 주자. 그것이 내가 논쟁에서 진짜 이기는 길이다.

실천하기

누군가와 논쟁이 일어날 때 진짜 이기는 방법은 논쟁을 아예 피하거나 상대방이 이기도록 해 주는 것입니다. 하지만 생각처럼 쉬운 일은 아니지요. 마음의 다짐이 필요합니다. 여러분도 그렇게 하겠다고 마음속으로 다짐해 봅시다.

11장

상대방이 틀렸다고 말하지 말자
Never tell a man he is wrong

내가 틀릴 수도 있다고 인정하자

여러분은 굳이 말로 표현하지 않아도, 눈빛이나 말투, 제스처 등으로 상대방이 틀렸다는 메시지를 전할 수 있습니다. 그런데 한 번 생각해 보세요. 상대방이 틀렸다고 했을 때 과연 그 사람이 동의할까요? 쉽게 동의하지 않을 겁니다. 단순히 사실의 옳고 그름을 따지는 것이 아니라 상대방의 지적 능력, 판단력, 자부심, 자존심 전체를 공격한 것이기 때문이죠. 상대방은 오히려 여러분에게 반격하고 싶어 할 뿐, 자신의 생각을 바꾸려 하지는 않을 것입니다. 이미 마음의 상처가 크기 때문입니다.

이런 말로 대화를 시작해서는 안 됩니다. "내가 당신이 왜 틀렸는지 증명해 보일게요." 별로 좋지 않은 설득 방법입니다. 마치 이렇게 말하는 것과 같습니다. "내가 당신보다 똑똑해요. 내가 잘 가르쳐 줄 테니 생각을 바꾸세요."

이것은 상대방에 대한 도전입니다. 반감만 불러일으켜 결국 대화를 시작하기도 전에 싸움부터 날 거예요. 좋은 분위기에서도 상대방의 생각을 바꾸는 일은 어렵습니다. 그런데 상황을 더 어렵게 만들 필요가 있을까요?

이와 관련해 지혜로운 조언을 남긴 사람들이 있습니다. 영국의 시인 알렉산더 포프는 이런 말을 했죠. "마치 가르치지 않는 듯이 가르치고, 상대방이 이미 알고 있다는 듯이 알려 줘라." 체스터필드 경도 아들에게 다음과 같이 말해 주었습니다. "가능하면 다른 사람들보다 현명한 사람이 되어라. 하지만 그들에게 그 사실을 말하지는 말아라. (Be wiser than other people if you can, but do not tell them so.)"

어떤 사람이 확실히 틀린 말을 했다고 해 봅시다. 그럴 때는 이렇게 말하는 게 좋습니다. "아, 그렇군요. 그런데 저는 다르게 생각했어요. 물론 제가 틀릴 수도 있어요. 가끔은 그러거든요. 그러니 제가 잘못 알고 있다면 바로잡아 주세요. 그럼 다시 한번 살펴볼까요?"

이 말은 매력적인 마법과도 같습니다. "제가 틀릴 수도 있어요. 가끔 그러거든요. 그럼 다시 한번 살펴볼까요?" 이런 말투로 접근하면 그 누구도 반대하지 못할 거예요.

여러분이 틀릴 수도 있다고 인정하면 더 이상 어려운 상황이 생기지 않습니다. 모든 논쟁은 그치고 상대방도 여러분처럼 공정하고 열려 있고 넓은 마음을 가지려고 노력할 거예요. 상대방도 자신이 틀릴 수 있다고 인정하게 될 것입니다. (You will never get into trouble by admitting that you may be wrong. That will stop all argument and inspire your opponent to be just as fair and open and broad-minded as you are. It will make him want to admit that he, too, may be wrong.)

예전에 저는 집을 꾸미려고 인테리어 디자이너에게 커튼 설치를 주문했습니다. 그런데 커튼 설치 값이 너무 비싸 깜짝 놀랐지요. 며칠 뒤 한 친구가 저희 집에 놀러 와 바뀐 커튼을 보게 되었습니다. 제가 커튼 가격을 말하니 역시나 놀라며 이렇게 말하더군요. "얼마라고? 엄청 비싸네! 제대로 바가지 쓴 것 같은데!"

친구의 말이 사실일까요? 네, 사실이 맞습니다. 하지만 사실은 사실이고, 제 판단력까지 걸고넘어지는 걸 가만히 두고 볼 수는 없었습니다. 저도 사람인지라 변명을 늘어놓았죠. 비싼 만큼 제값을 한다, 가격이 싼 건 품질도 나쁘고 디자인도 별로다 등등.

다음 날은 다른 친구가 찾아왔습니다. 그 친구는 커튼을 보자마자 감탄을 쏟아냈습니다. 자기도 이렇게 예쁜 커튼으로 집을 꾸미고 싶다면서요. 놀랍게도 제 반응은 어제와는 정반대였죠. "사실 커튼이 너무 비싼 것 같아. 돈을 많이 썼거든. 이걸 주문하지 말 걸

그랬어."

저는 이 경험으로 깨달은 점이 있었습니다. 제가 잘못했을 때 그 잘못을 기꺼이 인정할 수 있다는 것입니다. 상대방이 부드럽게 지적했을 때 저는 잘못을 허심탄회하게 고백했습니다. 심지어 제가 솔직하고 마음이 넓은 사람이라고 스스로 느끼면서 말이죠. 하지만 상대방이 무자비하게 지적한다면 저는 반발심만 더 강해졌을 것입니다.

말투 하나 바꿨을 뿐인데

좋은 책 한 권 소개할게요. 『벤저민 프랭클린 자서전』이라는 책입니다. 이 책은 인간관계와 자기 관리, 인성 계발에 관한 탁월한 안내서입니다. 벤저민 프랭클린*은 이 책에서 자신이 어떻게 논쟁하는 습관을 버리고 미국 역사상 사람을 가장 잘 사귀는 정치인이 되었는지 우리에게 알려 줍니다.

프랭클린이 여전히 실수를 거듭하던 젊은 시절 이야기입니다. 하루는 오랜 친구 하나가 작정한 듯 뼈 때리는 진실을 들려주었지요. "벤, 넌 정말 문제가 많아. 넌 너와 생각이 다른 사람에게 늘

* 벤저민 프랭클린(1706~1790)은 미국의 정치가이자 사상가, 과학자, 언론인 등 다재다능한 인물이었다. 미국 건국의 아버지로 불리며, 미국 100달러 지폐에 얼굴이 담겨 있다.

상처를 주더라. 상처가 너무 커서 아무도 네 의견은 들으려고 하지 않아. 아예 친구들은 네가 눈앞에 안 보이는 게 더 마음이 편하다고 할 정도야. 너와 말도 섞지 않으려고 해. 말해 봐야 불편하고 힘드니까. 네가 아는 게 많아 봐야 얼마나 알겠니. 지금처럼 거만하게 굴면 더 이상 발전하지 못할 거야."

프랭클린은 친구의 따가운 충고를 겸허히 받아들입니다. 이것이 제가 생각하는 벤저민 프랭클린의 훌륭한 점이죠. 프랭클린은 지혜로운 충고를 받아들일 만큼 그릇이 컸습니다. 본인도 이렇게 가다가는 결국 실패의 나락으로 떨어진다는 사실을 잘 알았습니다. 이 시간 이후로 프랭클린은 거만하고 독선적인 태도를 180도 바꿉니다. 이제 프랭클린의 이야기를 들어 볼까요.

"나는 남의 감정을 정면으로 반박하고 내 감정만 독단적으로 주장하는 일을 그만두기로 했습니다. 내 의견이 이미 정해져 있다는 것을 암시하는 말투, 예컨대 '확실하게' '의심할 바 없이' 같은 말은 피하고, '내 생각에는' '추측하기로는' '지금 같아서는'과 같은 표현을 사용했습니다. 다른 사람이 틀린 주장을 하더라도 곧장 반박하기보다는 어떤 경우에는 그 의견이 맞을 수도 있지만 이 경우에는 조금 다를 수 있다는 식으로 말을 시작했지요.

말투가 바뀌자 효과는 금방 나타났습니다. 대화가 훨씬 더 즐거워졌지요. 겸손한 태도로 제시한 의견은 좀 더 쉽게 받아들여졌습니다. 내가 틀려도 예전만큼 창피하지 않았고, 운 좋게 내가 옳은 말을 했을 때는 상대방이 자신의 잘못을 쉽게 인정했습니다.

물론 처음부터 쉬웠던 건 아닙니다. 내 타고난 기질을 억눌러야 했지만 일단 습관이 되고 나니 편하고 익숙해졌습니다. 지난 50년 동안 내가 독선적인 말을 하는 걸 들어 본 사람은 단 한 명도 없을 것입니다. 이러한 습관 덕분에 정치계에서도 낡은 제도를 고치고 새로운 제도를 도입하자고 제안할 때 많은 사람이 지지해 주었습니다.

나는 말을 유창하게 하는 사람이 아닙니다. 단어를 선택할 때도 자주 망설이고 적절한 표현을 사용하지 못할 때도 많았습니다. 하지만 이런 태도 덕분에 제 뜻을 나름대로 전달할 수 있었습니다."

사실 이 장에서 말하고 있는 것은 전혀 새로운 이야기가 아닙니다. 이미 2,000년 전에도 예수님은 "너를 고소하는 사람과 함께 법정으로 갈 때에는, 도중에 얼른 그와 화해하도록 하라"라고 말씀하셨습니다. 다시 말해, 고객이든 친구든 입장이 다른 사람과 논쟁하려 해서는 안 됩니다. 그를 기분 나쁘게 한다면 아무것도 얻을 수 없습니다.

그러므로 다른 사람이 여러분의 생각에 동의하고 여러분이 다른 사람을 설득하고 싶다면 이렇게 해야 합니다. 다른 사람의 의견을 존중해 주세요. 결코 그 사람이 틀렸다고 말해서는 안 됩니다. (Show respect for the other man's opinions. Never tell a man he is a wrong.)

핵심정리

1. 내가 틀릴 수도 있다고 인정하면 더 이상 논쟁이 일어나지 않는다.
2. 다른 사람의 의견을 존중하자. 절대 그 사람이 틀렸다고 말하지 말자.

실천하기

대화할 때 상대방이 틀렸다는 말은 절대 꺼내지 마세요. 상대방의 의견을 존중해 주세요. 오히려 내가 틀릴 수도 있다고 인정해 보세요. 그러면 대화가 저절로 풀릴 것입니다.

12장

내가 틀렸다면 빠르고 분명하게 인정하자
If you are wrong, admit it quickly and emphatically

잘못은 빨리 인정할수록 좋다

저는 반려견 렉스와 공원에서 산책을 하고 있었습니다. 작은 보스턴 불도그인 렉스는 사람을 좋아하고 잘 물지도 않았습니다. 공원에는 사람들이 별로 없어 목줄이나 입마개를 하지 않을 때가 많았지요.

그날도 공원에서 렉스와 산책 중이었는데, 저기서 경찰을 만났습니다. 경찰은 저를 보더니 자신의 권위를 드러내려고 이렇게 거들먹거리더군요. "공원에서 목줄이나 입마개 없이 개를 풀어놓으면 안 됩니다. 벌금을 내야 할 수도 있어요."

"네, 잘 알고 있습니다. 그런데 공원에 사람이 없어 괜찮을 거라고 생각했습니다." 저는 공손하게 대답했습니다.

"생각했다고요? 생각이라니. 법은 당신이 무슨 생각을 하는지 아무 관심이 없어요. 개가 다람쥐를 물어 죽일 수도 있고 아이를 물 수도 있지요. 이번 한 번은 봐드리지만, 다음에도 목줄이나 입마개가 없다면 벌금을 부과하겠습니다."

저는 순순히 그러겠노라고 약속했습니다. 그 후로 서너 번은 약속을 지켰습니다. 하지만 렉스는 입마개를 좋아하지 않았고 저도 마찬가지였습니다. 그래서 한 번은 입마개 없이 렉스와 산책했는데, 아니나 다를까 그 경찰과 또 마주치고 말았습니다.

이번에도 딱 걸린 겁니다. 저는 경찰이 무슨 말을 꺼내기도 전에 먼저 말을 했습니다. "경찰관님, 제가 또 잘못을 저질렀군요. 변명의 여지도 없습니다. 저번 주에 벌금을 부과하겠다고 경고하셨지요?"

"아, 그렇긴 하죠. 그런데 지금 근처에 아무도 없으니 개를 뛰어놀게 하고 싶은 유혹은 생기겠죠." 경찰이 생각보다 나긋나긋하게 말했습니다.

"물론 유혹이 있지만 법을 위반한 건 사실이니까요."

"그래도 저렇게 작은 개가 사람들을 해칠 것 같지는 않네요." 오히려 경찰이 제 말을 반박하더군요.

"하지만 다람쥐를 죽일지도 모르죠."

"선생님, 너무 심각하게 말씀하시는군요. 그냥 제가 보이지 않는 곳에 가서 맘껏 뛰어놀게 하세요."

그 경찰도 사람이어서 자신이 인정받고 있다는 느낌을 원했습니다. 그런데 제가 자책을 하자, 그는 자기 존재를 드러내는 방법으로 아량을 베풀기를 택한 것입니다. 만약 제가 변명을 했다면 경찰은 눈 하나 깜짝 안 하고 벌금을 부과했겠지요.

어차피 비판을 받을 수밖에 없다면 다른 사람이 뭐라고 하기 전에 자신이 스스로를 비판하는 게 더 낫지 않을까요? 다른 사람의 입에서 나오는 비난보다 내 입에서 나오는 비난이 훨씬 듣기 쉬울 것입니다.

상대방이 생각하고 있고 말하고 싶은 비난의 목소리를 여러분이 먼저 스스로에게 해보세요. 그러면 상대는 김이 빠지고 말 것입니다. 아마 열에 아홉 명은 너그럽게 용서하고 여러분의 잘못을 사소하다고 생각해버릴 거예요. 경찰이 저와 렉스에게 보였던 태도처럼 말이죠.

양보하면 생각보다 많은 것을 얻는다

남북 전쟁 당시 남군 총사령관은 로버트 E. 리 장군이었습니다. 장군의 이야기 중 가장 아름다운 이야기가 전해집니다. 바로 게티즈버그 공격 실패에 대한 모든 책임을 스스로 진 것인데요. 어떤 이야기인지 한번 살펴볼까요?

7월의 어느 오후, 리 장군의 부하였던 피켓 장군은 적군인 북군을 향해 자신만만하게 행군했습니다. 장군의 뒤를 따라 병사들도 위풍당당했죠. 깃발은 힘차게 펄럭이고 총검은 햇빛을 받아 번쩍거렸습니다. "우와, 멋진 장관이네!" 북군도 넋을 놓고 쳐다볼 정도였다고 합니다.

피켓 장군의 군대는 적진을 향해 용감하게 행군해 나아갔습니다. 포탄이 여기저기서 날아와도 굴하지 않고 진격했지요. 얼마나 단호해 보였는지 그 기세를 아무도 막을 수 없을 것 같았습니다.

그런데 갑자기 '묘지 능선'에 숨어 있던 북군의 복병들이 나타나 일제히 사격을 개시했습니다. 피켓 장군의 군대는 북군의 기습 공격에 꼼짝 없이 당하고 말았습니다. 5,000명에 이르던 부대원 중에 4,000명이 그 자리에서 전사하고 말았지요. 결국 남군은 게티즈버그 전투에서 처참하게 패배했습니다.

리 장군은 패배의 책임을 자신이 지고 남부 대통령인 제퍼슨 데이비스에게 총사령관직에서 물러나겠다고 말했습니다. 리 장군은 패배의 원인을 충분히 다른 사람들에게 돌릴 수도 있었지요. 일부 지휘관들은 리 장군의 명령을 제대로 따르지 않았고, 기병대가 너무 늦게 도착하는 바람에 보병대가 지원을 받을 수 없는 처지였습니다.

하지만 리 장군은 그 누구도 비난하지 않았습니다. 오히려 이렇게 말했습니다. "이 모든 책임은 나에게 있다. 이 전투에서 패배한 사람은 오로지 나 혼자다." 역사상 이러한 인품과 용기를 보여준 장군은 찾아보기 힘듭니다. 비록 전투에서는 패배한 장군이었지만 미국 역사상 가장 존경받는 위인 중 한 명이 되었습니다.

우리가 옳을 때는 다른 사람에게 동의를 얻기 위한 요령과 노력이 필요합니다. 그런데 솔직히 말해 우리는 옳을 때보다 틀릴 때가 더 많지요. 이럴 때는 빠르고 분명하게 잘못을 인정합시다. 그러면 놀라운 결과를 얻을 것입니다.

옛 속담에 이런 말이 있습니다.

"싸워서는 충분히 얻을 수 없지만, 양보하면 기대보다 더 많은 것을 얻는다. (By fighting you never get enough, but by yielding you get more than you expected.)"

핵심정리

1. 내가 틀렸다면 잘못을 빠르고 분명하게 인정하자.
2. 싸워서는 충분히 얻을 수 없지만, 양보하면 많은 것을 얻는다.

실천하기

누구나 실수나 잘못을 저지를 수 있습니다. 실수나 잘못은 부끄러운 일이지만 이를 인정하지 않는 것은 더욱 부끄러운 일입니다. 누군가에게 지적 받은 실수나 잘못이 있다면 빠르고 분명하게 인정해 보세요.

13장

우호적으로 시작하자
Begin in a friendly way

적을 친구로 만드는 기술

여러분이 화가 난 상태에서 상대방에게 이런저런 이야기를 늘어놓는다고 해 봅시다. 여러분은 감정을 토해 냈으니 기분이 풀렸을지 몰라요. 하지만 그 이야기를 들은 사람은 어떨까요? 그 사람도 여러분처럼 기분이 괜찮을까요?

미국 대통령 우드로 윌슨*은 이런 말을 했어요. "당신이 주먹을 쥐고 오면 나도 주먹을 꽉 쥘 것입니다. 하지만 당신이 열린 마음으로 의견 차이를 좁히자고 하면 나도 우리가 서로 의견이 크게 다르지 않고 오히려 어떤 점에서 생각이 같은지 찾으려고

* 우드로 윌슨(1856~1924)은 미국의 제28대 대통령이다. 제1차 세계 대전 시기에 각 민족은 정치적 운명을 스스로 결정할 권리가 있다는 '민족자결주의'를 내세운 것으로 유명하다.

할 것입니다."

존 록펠러*는 우드로 윌슨의 말을 가장 잘 이해했던 사람입니다. 1915년에 콜로라도 주에 있는 록펠러의 석유 철강 회사에서는 이미 2년 동안 파업이 진행되고 있었지요. 이 회사에서 일하는 광부들이 더 높은 임금을 요구했습니다. 갈등은 극단으로 치달아 광부 중에 목숨을 잃는 사람들도 나왔습니다.

록펠러는 나서서 이 문제를 해결해야 했습니다. 록펠러는 적이 된 광부들을 자기편으로 만들고 싶었죠. 그리고 원하는 대로 파업 광부들을 다시 일터로 복귀시킬 수 있었습니다. 그는 과연 어떻게 이 문제를 해결했을까요?

록펠러는 자신이 할 수 있는 가장 우호적이고 친절한 태도로 파업 광부들에게 다가갔습니다. 그가 파업 대표들 앞에서 했던 연설을 보면 그의 태도를 잘 알 수 있습니다. 그가 어떻게 접근했는지 연설의 첫 부분을 일부 인용해 볼게요.

"오늘은 제 인생에서 매우 중요한 날입니다. 이 훌륭한 회사의 직원 대표들을 비롯해 경영자, 관리자가 모두 한 자리에서 만나는 자리에 서게 되었으니까요. 저는 이 자리에 서게 되어 매우 영광스럽고 아마 죽는 날까지 오늘을 잊지 못할 것입니다.

이 만남이 2주 전에 열렸다면 저는 여기 계신 분들 대부분을 알아보지 못했

* 존 록펠러(1839~1937)는 미국의 석유 사업가로 '석유왕'으로 불렸으며, '철강왕' 앤드루 카네기와 함께 세계적인 부자로 손꼽혔다.

을 것입니다. 다행히 지난 일주일 동안 광산촌 현장을 방문하면서 많은 분을 만났습니다. 심지어 여러분의 집에 방문해 아내 분들과 자제 분들까지 만났지요. 이제 우리는 모르는 사람이 아니라 친구로 이 자리에서 만나는 것입니다. 서로에게 이익이 될 방안을 논의하게 되어 진심으로 기쁩니다."

이 연설이야말로 적을 친구로 만드는 최고의 기술을 보여주는 사례입니다. 만약 록펠러가 이와 전혀 다른 태도로 광부들에게 잘못이 있다는 식으로 지적했다면 어땠을까요? 모든 논리를 동원해 광부들이 잘못했다는 것을 명쾌하게 증명했다고 쳐 봅시다. 그럼 문제가 원활하게 해결되었을까요? 아마 더 많은 분노와 혐오와 폭동이 일어났을지도 모릅니다.

지금으로부터 100년 전에 이미 링컨 대통령도 이런 말을 했습니다. "옛 격언에 이런 말이 있습니다. '꿀 한 방울이 쓸개즙 한 통보다 더 많은 파리를 불러온다.' 어떤 사람에게 동의나 공감을 얻으려면 먼저 당신이 진정한 친구라는 확신을 주어야 합니다. 그것이 상대방의 마음을 사로잡는 꿀 한 방울이니까요. 그러면 당신이 무슨 말을 하든 상대방은 쉽게 마음을 열 것입니다. (It is an old and true maxim that 'a drop of honey catches more flies than a gallon of gall'. So with men, if you would win a man to your cause, first convince him that you are his sincere friend. Therein is a drop of honey that catches his heart; which, say what you will, is the *great high road to his reason.)"*

해와 바람 이야기

　저는 어린 시절에 미주리 주 북서부에 있는 시골학교에 다녔습니다. 어느 날 학교 수업 시간에 이솝우화의 해와 바람 이야기를 들었습니다. 이 이야기는 아주 중요한 인간관계의 교훈을 담고 있지요. 해와 바람은 서로 누가 더 강한지 붙어 보기로 했습니다. 바람이 말했어요. "내가 더 세다는 걸 보여 주지. 저기 코트 입은 노인 보이지? 내가 너보다 더 빨리 노인의 코트를 벗기겠어."

　해는 구름 뒤로 숨었고, 바람이 세차게 입김을 불었습니다. 마치 태풍처럼 거센 바람이 불었지만 그럴수록 노인은 코트를 더 꽁꽁 동여맸습니다. 결국 노인의 코트를 벗기는 데 실패한 바람은 이내 잔잔해졌습니다. 다음은 해 차례였지요. 해는 구름 뒤에서 나와 쨍쨍하게 비쳤습니다. 노인은 이마의 땀을 훔치며 결국 코트를 벗었습니다. 해는 바람에게 말했습니다. "다정함과 친절이 분노나 힘보다 더 강한 법이야."

　카네기 인간관계 수업을 듣는 수강생 중에 바로 이 해와 바람 이야기의 교훈을 일상 생활에서 잘 실천한 사례가 있어 여기서 소개해 보겠습니다.

도로시 데이라는 부인의 이야기입니다. 사교계의 유명 인사였던 부인은 호텔에서 지인들과 오찬 모임을 가졌지요. 중요한 행사였기 때문에 이 호텔의 수석 웨이터인 에밀이 도와주었습니다. 하지만 이번에는 서비스가 무척 실망스러웠습니다. 웨이터를 한 명만 보냈고, 서빙이나 음식 모두 형편이 없었습니다. 부인은 억지웃음을 지어 보였지만 속으로 만나기만 하면 한바탕 비난을 퍼붓겠다고 생각했죠.

그런데 에밀을 만나기 전 부인은 카네기 인간관계 수업을 들었습니다. 에밀에게 질책해 봐야 아무런 도움이 되지 않는다는 걸 깨달았죠. 그 당시 에밀의 관점에서 상황을 바라보았습니다. 사실 에밀이 음식을 만든 것도 아니고 호텔 측에 웨이터 인원이 부족하기도 했습니다. 부인은 성급하게 화내지 말고 에밀을 인정하는 말로 대화하기로 했습니다.

"에밀, 저번 오찬 모임 때 당신이 도와주어 정말 마음이 든든했어요. 당신은 뉴욕 최고의 수석 웨이터잖아요. 물론 저번에는 에밀이 직접 음식 재료를 사거나 요리를 하지는 않았으니 어쩔 수 없는 일이라고 생각해요. 다음에 또 오찬 모임이 있는데 그때는 어떻게 하면 좋을지 조언을 구하고 싶어요."

그러자 에밀은 주방에서 문제가 있었다고 하면서 사과를 했고 다시는 그런 일이 없도록 신경 쓰겠다고 했습니다. 실제로 다음 오찬 모임 때는 식탁이 아름다운 장미로 장식되어 있었고 요리도 훨씬 홀륭했습니다. 서빙하는 웨이터도 한 명이 아니라 네 명으로 늘어났고요.

이솝의 이야기처럼 세찬 바람보다 따뜻한 햇볕이 사람의 마음을 진정으로 바꿀 수 있습니다. 다른 사람이 여러분의 의견에 동의하고 여러분의 생각에 공감하게 만들고 싶다면 대화를 우호적으로 시작해보세요.

핵심정리

1. 꿀 한 방울이 쓸개즙 한 통보다 더 많은 파리를 불러 모은다. 진정한 친구라는 확신이 상대방의 마음을 사로잡는 꿀 한 방울이다.
2. 세찬 바람보다 따뜻한 햇볕이 사람의 마음을 바꾼다. 우호적으로 대화를 시작하자.

실천하기

최근 사이가 나빠진 친구나 가족, 이웃이 있나요? 먼저 다가가 손을 내밀어 보세요. 진정한 친구라는 확신을 주기 위해 노력해 보세요.

14장

상대방이 "네, 네" 대답하게 만들자

Get the other person saying "yes, yes" immediately

⚖️

서로 동의하는 부분을 강조하자

다른 사람과 대화할 때 주의해야 할 점이 있어요. 서로 의견이 다른 점부터 꺼내면 안 된다는 것입니다. 상대방과 의견이 같은 부분을 강조해야 합니다. 가능하다면 같은 목적을 추구하고 있다는 점을 내세워야 하죠. 서로 차이가 있다면 단지 방법이 다를 뿐이라는 점을 이야기해야 합니다.

다른 사람에게 처음부터 "네, 네"라고 말하게 만들어야 합니다. 가능하다면 상대가 "아니요"라고 말하지 않게 하세요. (Get the other person saying "Yes, yes" at the outset. Keep your opponent, if possible, from saying "No.")

오버스트리트 교수는 『인간 행동에 영향을 미치는 법』에서 상대방의 "아니요"라는 반응은 가장 극복하기 힘든 장애물이라고 말합니다. 누구든 일단 "아니요"라고 말하면 자존심 때문에 그 반응을 유지해야 하거든요. 나중에 자신이 잘못했다고 느낄 수도 있지만, 자존심이 걸린 문제이니 일단 '아니요'라고 말했다면 끝까지 그 말을 지킬 수밖에 없습니다. 그러므로 처음부터 상대방을 긍정적인 방향으로 이끄는 것이 가장 중요합니다.

말을 잘하는 사람은 처음부터 상대방에게 "네"라는 반응을 여러 번 이끌어 냅니다. 그렇게 상대방의 심리가 긍정적인 방향으로 흘러가도록 만듭니다. 마치 공이 굴러가는 것과 원리가 같은데요. 일단 한번 구르기 시작한 공은 방향을 바꾸려면 그만큼 힘이 필요합니다. 아예 반대 방향으로 가게 하려면 엄청난 힘이 들고요.

누군가 "아니요"라고 말했을 때는 이 세 글자 외에도 더 많은 일을 하게 됩니다. 분비기관, 신경계, 근육 등 몸 전체가 거부하는 방향으로 움직이지요. 미미하지만 실제로 몸이 위축되고 움츠러들게 됩니다. 어떤 말이든 받아들이지 않기로 온 몸이 반응하는 것이죠. 반대로 "네"라고 대답하면 몸이 위축되지 않습니다. 오히려 몸을 앞으로 기울이고 좀 더 열린 자세를 취합니다. 처음부터 "네"라는 대답을 더 많이 이끌어 낼수록 내 말에 관심을 갖도록 분위기를 유도할 수 있습니다.

이렇게 "네"라는 반응을 이끌어 내는 것은 아주 간단한 기술입니다. 하지만 이 기술을 무시하는 사람이 너무 많아요. 사람들은 다른 사람들과 다른 의견을 내면서 스스로 중요한 사람이라는 느낌을 가지려고 합니다. 그런데 그렇게 한다고 해서 무엇을 얻을 수 있을까요? 누구에게는 처음부터 "아니요"라고 말하게 만든다면 나중에 부정적인 태도를 긍정적인 태도로 만들기 위해서는 꽤 많은 힘과 인내심이 필요할 수 있다는 사실을 명심하세요.

"네, 네"라는 대답을 하도록 만들자

뉴욕에 있는 그리니치 저축은행에서 일하는 제임스 에버슨 씨는 "네, 네" 기술을 유용하게 활용한 이야기를 저에게 들려주었습니다.

하루는 고객 한 분이 은행에 계좌를 개설하러 왔습니다. 그래서 계좌 신청 양식을 주면서 써 달라고 했죠. 고객은 몇 가지 질문에는 기꺼이 답을 했지만, 일부 질문에는 답을 하지 않았습니다. 에버슨 씨는 인간관계를 공부하지 않았다면, 예전처럼 정보를 제공하지 않으면 계좌를 개설할 수 없다고 딱 잘라 말했을 것입니다. 하지만 이번에는 그렇지 않았죠.

그날은 이 "네, 네" 기술을 활용해 보기로 했습니다. 은행이 원하는 것이 아니라 고객이 원하는 것을 이야기하기로 마음먹었습니다. 그래서 우선 고객의 말에 동의했습니다. 대답하기를 거부하는 정보는 꼭 필요한 건 아니라고 말했죠. 그러면서 이렇게 이야기했습니다. "그런데 만약 고객님이 사망하게 되는 경우 은행에 맡겨 둔 예금이 있다면 법적으로 가장 가까운 친족에게 예금이 전해지는 게 좋지 않을까요?" 그러자 고객은 "네, 물론이죠"라고 대답했습니다. "그렇다면 고객님이 바라시는 대로 정확하게 일이 처리되도록 정보를 제공해 주시는 것은 어떨까요?"라고 말하자, 고객은 이번에도 "네"라고 대답했습니다.

고객은 은행을 위해서가 아니라 고객을 위해서 정보를 요구한다는 사실을 알자 태도가 긍정적으로 변했습니다. 은행을 나가기 전 이 고객은 자신의 모든 정보를 기꺼이 알려 주었습니다.

여러분도 잘 아는 고대 그리스의 소크라테스*라는 철학자가 있습니다. '철학의 아버지'라고 불릴 만큼 매우 현명한 사람이었지요. 그는 무엇보다도 인류의 사유 방식을 완전히 뒤집어 놓았습니다. 특히 사람들을 설득시키는 데 뛰어난 인물이었습니다.

그렇다면 소크라테스는 어떤 방법으로 사람들을 설득했을까요? 상대방의 잘못을 논리적으로 지적했을까요? 전혀 그렇지 않습니다. 그건 소크라테스의 방식이 아니었습니다. 소크라테스는 '대화의 달인'이었어요. 이른바 '소크라테스식 문답법'이라는 것을 활용했는데, 여기서도 "네, 네" 반응을 이끌어 내는 방식

* 소크라테스(B.C. 470?~B.C. 399?)는 고대 그리스의 철학자로 '철학의 아버지'로도 불린다. 대화를 통해 상대방의 무지(無知)를 이끌어내는 소크라테스의 문답법인 '산파술'이 유명하다.

이 활용되었지요.

소크라테스는 상대방이 동의할 수밖에 없는 질문을 던졌습니다. 이런 식으로 계속 하나씩 동의하게 만들고 결국에는 상대방이 자기도 모르는 사이에 원래 반대하던 의견까지 동의하도록 만들었습니다.

마지막으로 중국 속담을 인용하면서 이번 장을 마치려고 합니다. "가볍게 걷는 사람이 멀리 간다. (He who treads softly goes far.)" 5,000년 이상 인간의 본성을 연구한 동양의 지혜가 고스란히 담긴 속담입니다.

다시 한번 강조하지만, 여러분의 생각에 동의하도록 만들고 싶다면 상대방에게 "네, 네"라는 긍정적인 대답을 이끌어 내세요.

핵심정리

1. 대화할 때 처음부터 서로가 동의하는 부분을 강조하자.
2. 상대방에게 "네, 네"라고 대답할 수 있도록 만들자.

실천하기

상대방과 대화할 때 "아니요"라는 대답이 나오는 말은 처음부터 하지 않도록 합시다. 오로지 "네"라는 대답이 나오는 이야기를 나눠 보세요. 그리고 그 대화의 결과가 어떻게 나타나는지 확인해 보세요.

15장

상대방이 말을 많이 하게 만들자
Let the other person do a great deal of the talking

자기 이야기를 하도록 내버려 두자

대부분의 사람들은 상대방을 설득하려고 할 때 지나치게 말을 많이 하는 경향이 있습니다. 말을 많이 해야 내 말에 귀를 기울일 거라 생각하면서 말이죠. 하지만 정반대로 해야 합니다. 상대방이 자기 이야기를 하도록 내버려 두세요. 그 사람이 자기 일이나 문제에 대해 여러분보다 더 잘 알고 있을 테니까요. 말보다는 질문을 하세요. 상대방이 여러분에게 마음껏 털어 놓을 수 있도록 해 주세요.

하지만 상대방의 이야기를 듣다가 동의하지 않는 부분이 나오면 중간에 말을 끊고 싶은 유혹을 느낍니다. 그래도 참아야 합니다. 말을 끊는 건 아주 위험한 일이에요. 상대방은 하고 싶은 말이 너무 많아서 여러분에게는 주의를 기울이지 않을 거예요. 그러므로 인내심을 가지고 열린 마음으로 이야기를 들어 주세요. 진심으로 경청해야 합니다. 상대방이 자신의 생각을 충분히 표현하도록 이끌어 주세요. (So listen patiently and with an open mind. Be sincere about it. Encourage them to express their ideas fully.)

몇 년 전, 미국 최대 자동차 회사에서 일 년치 자동차 시트용 직물 협상이 진행되고 있었습니다. 세 군데 제조업체가 견본을 제출했고, 회사에서는 각 제조업체가 의견을 발표할 기회를 주었습니다. 그중 한 제조업체의 대표는 카네기 인간관계 수업을 듣는 사람이었습니다.

그는 회사 중역들 앞에서 발표할 차례가 되었는데, 그날따라 후두염 때문에 목소리가 나오지 않았습니다. 속삭이는 것조차 어려웠습니다. 테이블에는 시트 엔지니어, 구매 담당자, 판매 부장 그리고 사장이 나와 있었습니다. 제조업체 대표는 목소리를 내 보려 했지만 끽끽 소리밖에 나지 않았습니다. 그래서 그는 종이에 '여러분, 저는 지금 목소리가 나오지 않아 말씀을 드릴 수 없습니다'라고 썼지요.

그런데 놀랍게도 회사 사장이 입을 열었습니다. "제가 대신 말해 보죠." 그러더니 제조업체 대표가 가져간 견본을 사람들 앞에 보여 주면서 칭찬하기 시작했습니다. 제조업체 대표는 그저 미소를 지으며 고개를 끄덕일 뿐이었습니다.

마침내 이 제조업체는 계약을 따낼 수 있었습니다. 160만 달러에 달하는 엄청난 규모의 계약이었습니다. 제조업체 대표는 이렇게 고백했습니다. 본인이 목소리를 잃지 않았다면 아마 계약을 따내지 못했을 수도 있다고 했지요. 사실 그 회사 사장만큼 잘 설명할 자신이 없었다고 하면서요. 이번 기회에 우연찮게도 상대방에게 말하도록 내버려 두는 것이 가끔은 큰 이득이 된다는 사실을 깨달았다고 합니다.

상대방을 뛰어난 사람으로 만들자

최근 『뉴욕 헤럴드 튜리뷴』 금융 면에 어느 회사의 구인 광고가 올라왔습니다. 뛰어난 실력과 풍부한 경험을 가진 인재를 찾는 광고였지요. 찰스 큐벨리스는 회사에 이력서를 보냈고, 며칠 뒤에 면접을 보러 오라고 연락이 왔습니다. 큐벨리스는 면접을 보기 전에 월 스트리트를 돌아다니며 회사를 창립한 대표에 관한 정보를 샅샅이 찾아보았습니다.

큐벨리스는 면접 중에 이렇게 말했습니다. "이처럼 놀라운 기록을 가진 회사와 인연을 맺게 되어 정말 영광이라고 생각합니다. 제가 듣기로는 대표님께서 28년 전에 사무실 하나에서 속기사 직원 한 명만 고용해 창업하셨다고 하던데, 정말인가요?"

성공한 사람들은 대부분 힘들었던 초창기 시절을 되돌아보는 것을 좋아합니다. 이 회사의 대표도 마찬가지였죠. 그는 자신이 단돈 450달러와 독창적인 아이디어만 가지고 어떻게 사업을 시작했는지 오랫동안 이야기했습니다. 여러 어려움과 사람들의 조롱을 이겨낸 이야기, 휴일 없이 하루에 12~16시간 일한 이야기, 지금은 월스트리트의 거물들이 조언을 구하러 찾아온다는 이야기까지 자랑스럽게 늘어놓았습니다. 충분히 자랑스럽고 그럴 만한 자격이 있었죠. 회사 대표는 이야기하는 내내 즐거워 보였습니다. 마지막에 큐벨리스에게 경력을 짧게 물어보고는 부사장에게 이렇게 말했습니다. "이 사람이 우리가 찾던 인재 같네요."

큐벨리스는 지원한 회사의 대표에 관한 정보를 얻고자 노력을 쏟았고, 진심으로 상대방에게 관심을 보였습니다. 그리고 상대방이 말을 하도록 이끌었는데, 덕분에 긍정적인 인상을 갖게 했습니다. 이 또한 큐벨리스가 가진 사람을 다루는 능력이었죠.

사실, 나와 가까운 친구들이라고 하더라도 내 자랑을 늘어놓는 것보다는 친구들 자신이 이룬 것을 이야기하고 싶어 할 것입니다. 프랑스의 철학자 라 로슈푸코는 이런 말을 했습니다. "적을 원한다면, 친구들보다 뛰어난 사람이 되자. 하지만 친구를 원한다면 친구를 당신보다 뛰어난 사람으로 만들자. (If you want enemies, excel your friends; but if you want friends, let your friends excel you.)"

이 말은 무슨 뜻일까요? 친구들이 여러분보다 뛰어나면, 친구들은 자신이 중요한 사람이라는 느낌을 가지게 됩니다. 하지만 여러분이 친구들보다 뛰어나다면 친구들은 열등감을 갖고 시기와 질투를 하게 되죠.

우리는 늘 겸손해야 합니다. 사실 우리는 대단한 사람이 아니잖아요. 앞으로 100년만 지나도 완전히 잊힐 사람들이에요. 보잘것없는 자랑거리로 다른 사람들이 질투하게 만들기에는 인생이 짧습니다. 그러니 이제 자기 자랑은 그만두고 상대방이 이야기할 수 있도록 이끌어 주세요. 그것이 상대방을 설득하는 가장 효과적인 방법입니다.

핵심정리

1. 상대방이 자신의 생각을 충분히 표현할 수 있도록 이끌어 주자.
2. 친구를 원한다면 친구를 당신보다 뛰어난 사람으로 만들자.

실천하기

상대방이 충분히 자신의 생각을 표현할 수 있도록 도우려면 어떻게 해야 할까요? 친구를 나보다 더 뛰어난 사람으로 만드는 방법은 무엇일까요? 주변 친구들과 의견을 나눠 봅시다.

16장

상대방이 스스로 생각해 냈다고 여기게 만들자
Let the other person feel that the idea is his or hers

협력을 요청하는 가장 좋은 방법

여러분은 다른 사람이 건넨 아이디어를 그대로 받아들이는 편인가요? 아마도 대부분은 스스로 생각해 낸 아이디어를 더 믿을 거예요. 그렇다면 반대로, 내 아이디어를 상대방에게 억지로 받아들이게 하는 건 별로 좋지 못한 방법이 아닐까요? 가볍게 제안만 하고 상대방이 스스로 판단해 결정하게 하는 것이 더 지혜로운 행동이랍니다.

예를 들어 보겠습니다. 카네기 인간관계 수업을 듣는 수강생 중에 아돌프 셀츠라는 사람이 있었습니다. 그는 의욕이 부족한 자동차 판매 직원들에게 열정을 불어넣어야 했지요. 어느 날 그는 판매 전략 회의를 소집했습니다. 여기서 부하 직원들이 바라는 점을 이야기해 보게 했습니다. 셸츠는 직원들의 요구 사항을 칠판에 모두 적었습니다. 그런 다음 이렇게 말했습니다. "여러분이 저에게 바라는 요구 사항을 모두 들어주겠습니다. 그럼 이제 제가 여러분에게 기대해도 될 만한 것을 말해 주세요." 그러자 순식간에 대답이 쏟아져 나왔습니다. 충성, 정직, 결단력, 긍정성, 팀워크, 하루 8시간 열심히 일하기 등이었습니다. 심지어 하루에 14시간 일하겠다는 사람도 있었고요. 이 회의 덕분에 판매 직원들은 새로운 용기와 의지가 생겼습니다. 그 이후로 엄청난 판매고를 달성했다고 셸츠는 이야기해 주었습니다.

누구도 강제로 무언가를 사거나 무슨 일을 한다는 느낌을 갖는 걸 싫어합니다. 우리는 스스로 물건을 사거나 자신의 생각에 따라 행동했다고 느끼는 걸 훨씬 더 좋아합니다. 우리는 자신의 욕망, 자신의 욕구, 자신의 생각을 다른 사람에게 털어놓는 걸 좋아합니다. (We much prefer to feel that we are buying of our own accord or acting on our own ideas. We like to be consulted about our wishes, our wants, our thoughts.)

유진 웨슨의 이야기가 이를 잘 보여 줍니다. 웨슨은 스타일리스트나 직물 제조사에 의류 디자인 스케치를 판매하는 일을 했습니다. 3년 동안 이 일을 했는데, 거래처 사람들이 만나 주기는 하지만 한 번도 구매하지는 않았습니다. 150번이나 실패한 그는 카네기 인간관계 수업에서 인간관계의 원리를 배우고 나서 방법을 바꾸기로 했습니다.

대여섯 장의 스케치를 들고 스타일리스트의 사무실로 찾아갔습니다. 그러고는 이렇게 말했죠. "제가 부탁 하나만 드려도 될까요? 이 스케치들이 당신에게 쓸모가 있으려면 어떻게 마무리하면 좋을지 조언해 주시면 감사하겠습니다." 그러면 스타일리스트는 스케치를 두고 나중에 다시 찾아오라고 말합니다.

웨슨은 3일 뒤에 다시 사무실을 찾아갔습니다. 스타일리스트는 몇 가지 제안을 해 주었고 웨슨은 그대로 스케치를 마무리했지요. 결과는 어땠을까요? 스케치를 전부 팔았습니다.

웨슨은 이렇게 고백합니다. "예전에 제가 왜 스케치 판매에 실패했는지 이제 알겠어요. 제가 고객이 사야 한다고 생각하는 스케치를 들이밀고 있었던 겁니다. 하지만 지금은 정반대예요. 고객의 생각을 먼저 말해 달라고 합니다. 그러면 고객은 자신이 디자인을 창조하고 있다고 생각합니다. 실제로도 그렇고요. 저는 이제 스케치를 팔지 않습니다. 고객이 구매하는 거죠."

상대방이 스스로를 설득하게 만들자

하루는 롱아일랜드에 사는 중고 자동차 딜러 샌디가 카네기 인간관계 수업에서 고민을 털어 놓았습니다. 어느 스코틀랜드인 고객에게 여러 대의 차를 보여 주었지만, 각각 마음에 안 드는 구석이 있었습니다. 이 차는 자기에게 어울리지 않고, 저 차는 상태가 나쁘고, 그리고 모든 차가 고객에게는 비쌌습니다. 샌디는 수업을 듣는 사람에게 어떻게 하면 좋을지 의견을 구했지요.

우리는 그에게 차를 팔려고 하지 말고 사게 만들어야 한다고 조언해 주었습니다. 다시 말해 차를 사라고 압박하지 말고, 그가 스스로 사겠다고 말하게 하라는 뜻이었습니다. 자신이 직접 선택한 것처럼 느끼도록 만들어야 한다는 것이었죠.

샌디는 그렇게 해 보기로 했습니다. 어느 날 한 고객이 중고차를 팔겠다고 찾아왔습니다. 샌디는 그 스코틀랜드인 고객이 이 차를 마음에 들어 할 것 같았습니다. 그래서 그에게 연락해 조언을 해 달라고 부탁했습니다. "고객님이 자동차를 잘 보시잖아요. 이 차를 한번 살펴보시고 운전도 해 보시면서 얼마 정도로 가격을 매기면 좋을지 말씀해 주시겠어요?"

그러자 스코틀랜드인 고객은 크게 미소를 지었습니다. 자신이 인정받는다는 느낌을 가졌던 것이죠. 그는 자동차를 시운전하고 오더니 300달러 정도에 구매하면 좋겠다고 말했습니다. 그래서 샌디는 이렇게 제안했어요. "제가 그 가격에 자동차를 구매한다면, 고객님이 그 가격에 이 차를 가져가시는 건 어떠세요?" 결과는 어땠을까요? 스코틀랜드인 고객은 자신이 매긴 가격에 그 차를 구매했습니다.

이와 비슷한 사례가 또 있었습니다. 역시나 카네기 인간관계 수업을 듣던 방사선과 의사의 이야기입니다. 이 의사가 일하는 병원이 증축을 하게 되었는데, 거기에 방사선과를 설치하려고 했습니다. 그러자 엑스레이 제조업체들에서 너도나도 엑스레이 제품을 팔려고 연락이 왔습니다. 이 의사가 판매업자들에게 치여 일을 못할 정도였지요. 판매업자들은 서로 자기네 제품이 최고라며 자랑을 늘어놓았습니다.

그런데 어느 엑스레이 회사는 다른 회사들과는 다르게 접근했습니다. 이 회사로부터 편지 한 통을 받은 의사는 깜짝 놀랐습니다. 물건을 파는 내용이 아니었습니다. 엑스레이 장비의 성능을 개선하고 싶은데 어떻게 해야 할지 조언을 구하는 내용이었죠. 의사는 자신이 중요한 사람이라는 느낌을 받았습니다. 그래서 저녁 약속도 취소하고 그 엑스레이 장비를 보러 갔습니다. 장비는 보면 볼수록 마음에 들었습니다. 그 회사는 의사에게 장비를 판매하려고 하지 않았지요. 전적으로 의사는 병원을 위해 그 장비를 구매해야겠다고 생각했습니다. 의사는 스스로 자기 자신을 설득했고, 결국 그 장비를 주문했습니다.

저도 이런 경험을 한 적이 있었습니다. 저는 낚시와 카누를 즐기러 뉴브런즈윅에 갈 계획이었지요. 관광청에 정보를 구했는데, 그때 제 이름과 정보가 공개되었던 것 같습니다. 얼마 되지 않아 수십 군데의 캠프장과 관광 안내원들에게서 연락이 쏟아져 왔습니다. 당황한 저는 어디로 가야 할지 몰랐습니다.

그때 어느 캠프장 주인이 자신의 캠프장에서 지냈던 몇몇 뉴욕 사람들의 이름과 연락처를 보내주더니 그들에게 전화해서 어떤 서비스를 받았는지 확인해 보라고 했습니다. 놀랍게도 연락처 중에 제가 아는 사람이 있었습니다. 그에게 전화를 걸어 캠프장이 어땠는지 물었고, 결국 저는 그 캠프장에서 휴가를 보내기로 결정했지요.

다른 사람들은 자신들이 제공하는 서비스를 팔기 위해 노력했습니다. 하지만 그 캠프장 주인은 제가 저 스스로를 설득하도록 만들었고, 그렇게 해서 마침내 성공을 거두었지요.

2,500년 전 중국의 현자인 노자는 『도덕경』에 중요한 말을 남겼습니다. 오늘날 우리에게도 소중한 지혜를 전해 줍니다. "강과 바다가 수많은 냇물로부터 존경을 받는 이유는 가장 낮은 데 있기 때문이다. 낮은 데 있으므로 수많은 냇물을 다스릴 수 있다. (The reason why rivers and seas receive the homage of a hundred mountain streams is that they keep below them. Thus they are able to reign over all the mountain streams.) 이처럼 지혜로운 사람은 다른 사람들보다 낮은 곳에 서야 한다. 다른 사람들의 앞에 서고 싶은 사람은 그들의 뒤에 서야 한다. 그래야 사람들 위에 있더라도 위압감을 느끼지 않고, 앞에 서더라도 손해를 느끼지 않는다."

핵심정리

1. 협력을 위한 가장 좋은 방법은 가볍게 제안만 하고 상대방이 스스로 결정하게 하는 것이다.

2. 상대방을 억지로 설득하려 하지 말고 상대방이 자기 스스로를 설득하게 만들자.

 실천하기

친구나 가족을 설득해야 할 일이 있나요? 그렇다면 그 일에 관해 상대방은 어떻게 생각하는지 먼저 조언과 의견을 구해 보세요. 그러면 설득의 길이 보일 거예요.

17장

상대방의 관점에서 보려고 하자

Try to see things from the other person's point of view

내가 저 사람이었다면 어떻게 행동했을까?

상대방의 생각이 완전히 틀릴 수도 있습니다. 그런데 문제는, 그 사람은 그렇게 생각하지 않는다는 것입니다. 그러니 상대방을 비난하면 안 됩니다. 비난은 어리석은 바보도 할 수 있답니다. 먼저 이해하려고 노력하세요. 지혜롭고 마음이 넓고 인내심이 강한 사람만이 이런 노력을 합니다.

상대방이 어떤 생각을 하거나 어떤 행동을 하는 것은 다 그럴 만한 이유가 있기 때문이죠. 숨겨진 이유를 찾아내면 그 사람의 행동이 이해되기 시작합니다. 그의 성격까지도 이해할 수 있어요. 진심으로 그 사람의 입장이 되어 보세요. (Try honestly to put yourself in his place.)

"내가 저 사람이었다면 어떻게 느끼고 어떻게 행동했을까?" 이렇게 생각하면 모든 일이 빨리 해결되고 화가 날 일도 줄어들 거예요. 원인을 알면 결과가 이해되는 법이니까요. 게다가 인간관계의 능력도 더 성장하게 됩니다.

케네스 구드는 『사람을 빛나게 하는 법』이라는 책에서 이렇게 말했습니다. "잠깐 이걸 생각해보세요. 당신은 자신의 일에는 큰 관심을 가지고 있지만, 다른 사람의 일에는 별로 관심이 없지요. 그런데 세상사람 누구나 다 마찬가지입니다. 이 사실을 깨달아야 링컨이나 루스벨트처럼 인간관계 능력의 기반이 마련되는 것입니다. 다시 말해, 다른 사람의 입장에 서서 그 사람을 이해하려고 할 때 비로소 인간관계에 성공하는 것입니다."

진심으로 상대방의 입장이 되었을 때

몇 년 동안 저는 집 근처 공원에서 산책을 하거나 자전거를 타면서 휴식을 취했습니다. 공원에 있는 참나무들을 무척이나 좋아했지요. 그런데 해마다 화재로 어린 나무나 관목이 불에 타 죽는 걸 보면 참으로 안타까웠습니다. 흡연자들이 담배꽁초를 아무 데나 버리거나, 아이들이 나무 아래서 소시지나 달걀을 구워 먹는 것이 문제였습니다. 불이 너무 커져 소방차가 출동한 적도 있었습니다.

공원 한쪽에는 화재를 일으킨 사람은 벌금형이나 구류형에 처할 수 있다는 경고 문구도 있었습니다. 심지어 공원에는 경찰도 지키고 있었지만 화재가 일어나지 않은 해가 없었지요. 한 번은 공원에 불이 나서 근처에 있던 경찰에게 달려가 소방서에 연락해 달라고 했더니 그건 자기 일이 아니라며 별로 신경 쓰지 않았습니다. 크게 실망한 저는 제가 직접 나서서 공원을 보호해야겠다고 생각했지요.

안타깝지만, 처음에는 아이들 입장에서 생각해 보려고 하지는 않았습니다. 그냥 나무 아래서 불을 피우는 것 자체가 싫었고, 당장 옳은 일을 해야겠다는 마음이 앞서서 결국에는 옳지 않은 일을 하고 말았지요. 바로 아이들에게 가서 불을 끄지 않으면 감옥에 갈 수도 있다고 경고했습니다. 그 결과는 어땠을까요? 아이들은 언짢아하면서도 제 말을 들었습니다. 아니, 들은 척했을 거예요. 제가 그 자리를 떠나 눈에서 보이지 않으면 다시 불을 피웠을지도 모르니까요.

몇 년이 지나고 저도 인간관계에 대한 지식과 요령이 어느 정도 쌓이게 되었습니다. 다른 사람의 관점에서 사물을 보려는 경향이 조금은 늘어났지요. 그래서 이번에는 이렇게 말했습니다.

"얘들아, 재미있게 놀고 있니? 맛있는 저녁 식사를 준비하나 보구나. 나도 어릴 때는 불 피우고 노는 걸 좋아했단다. 그런데 여기는 공원이라 좀 위험해. 물론 너희가 나쁜 생각을 가지고 이러는 건 아닐 거야. 하지만 가끔은 조심성 없는 아이들도 있단다. 그런 친구들도 너희가 노는 걸 보고 불을 피울 수도 있겠지. 그런데 집에 돌아갈 때 불을 잘 끄지 않으면 무슨 일이 일어날까? 아마 공원에 있는 나무들이 불에 타고 말 거야. 심하면 숲에 있는 나무들이 하나도 남아나지 않겠지. 그럼 친구들은 방화범이 되어 감옥에 갈 수도 있단다. 너희가 재미있게 노는 걸 방해하려고 그런 건 아니야. 하지만 집에 돌아갈 때는 흙을 많이 덮어서 꼭 불을 끄고 가면 좋겠다. 다음에도 불을 피우고 싶다면 저 언덕 너머 모래밭에서 하면 어떨까? 거긴 안전하니까 말이야. 고맙다, 애들아. 그럼 즐거운 시간 보내렴."

이렇게 말했더니 전혀 다른 결과를 가져왔습니다. 아이들은 제 말에 적극 협조하려고 했어요. 억지로 강요하지 않았기 때문에 언짢아하지도 않고 기분 나쁜 티도 내지 않았죠. 아이들이나 저나 모두 기분이 좋았습니다. 제가 아이들의 관점에서 상황을 해결했기 때문입니다.

누군가에게 무엇을 요청할 때, 잠시 멈춰 눈을 감고 그 사람의 관점에서 생각해 보세요. 스스로 이렇게 물어보는 겁니다. '왜 저 사람은 그렇게 행동하고 싶었을까?' (Before asking anyone to do anything, why not pause and close your eyes and try to think the whole thing through from another person's point of view? Ask yourself: "Why should he or she want to do it?") 물론 상대방의 입장에서 생각하는 습관이 생기려면 어느 정도 시간이 걸립니다. 하지만 이런 습관이 생기고 나면 여러분은 수고를 덜 들이면서 친구도 얻고 더 나은 결과도 얻을 수 있습니다.

핵심정리

1. 상대방이 어떤 행동을 하는 것은 다 그럴 만한 이유가 있기 때문이다. 진심으로 그 사람의 입장에서 생각해 보자.
2. 누군가에게 무엇을 요청할 때, 스스로에게 이렇게 물어보자. '왜 저 사람은 그렇게 행동하고 싶었을까?'

실천하기

상대방의 행동을 이해하려면 그 사람의 입장에서 생각하는 것이 습관이 되어야 합니다. 누군가에게 무언가를 요청할 때마다 스스로에게 물어보세요. "내가 저 사람이면 어떤 행동을 했을까?" "내가 저 사람이면 어떤 생각을 했을까?"

18장

상대방의 생각과 욕구에 공감하자
Be sympathetic with the other person's ideas and desires

네 명 중 세 명은 공감에 목말라 있다

인간관계에서 마법과 같은 힘을 가진 말이 있습니다. 이 말은 논쟁을 그치게 하고, 반감을 없애 주고, 호의와 관심을 불러일으키는데요. 무슨 말인지 알고 싶나요? 바로 이런 말입니다. "당신이 그렇게 생각하는 게 당연해요. 제가 당신이라도 그렇게 생각했을 거예요."

여러분이 만날 사람들 네 명 중 세 명은 공감에 굶주리고 목말라 합니다. 그들에게 공감을 선사하세요. 그러면 그들은 여러분을 좋아할 거예요. (Three-fourths of the people you will ever meet are hungering and thirsting for sympathy. Give it to them, and they will love you.)

아서 게이츠 박사는 『교육심리학』이라는 책에서 인간의 '공감 욕구'에 관해 다음과 같이 말합니다. "모든 인간은 공감을 얻길 바란다. 어린아이는 자신의 상처를 남에게 보여 주려고 하고, 심지어 더 많은 동정을 받기 위해 스스로 상처를 내기도 한다. 어른들도 마찬가지로 자신의 상처를 드러내 보이려 한다. 그러면서 자신이 겪은 사고나 질병, 수술 등을 세세하게 이야기한다. 진짜든 가상이든 불행한 일에 대한 '자기 연민'은 어느 정도는 누구나 가지고 있는 법이다."

공감하고, 공감하고, 또 공감하자

한 번은 라디오방송에서 제가 소설 『작은 아씨들』로 유명한 루이자 메이 올콧*의 이야기를 한 적이 있습니다. 저는 올콧이 매사추세츠 주의 콩코드에 살면서 불후의 명작을 지은 사실을 잘 알고 있었죠. 그런데 실수로 뉴햄프셔 주의 콩코드라고 말해 버렸습니다. 한 번이면 그냥 넘어갈 수도 있었을 텐데, 두 번이나 실수를 저지르고 말았죠.

얼마 지나지 않아 항의하는 편지와 전보가 쏟아져 들어왔습니다. 그중에는

* 루이자 메이 올콧(1832~1888)은 미국의 여성 소설가다. 펜실베이니아 주에서 태어났지만 생애 대부분은 매사추세츠 주의 콩코드와 보스턴에서 보냈다. 소설 『작은 아씨들』로 작가로서 유명세를 얻었고, 노예제 폐지론자, 여성주의자로도 활동했다.

매사추세츠 주의 콩코드에서 자라 지금은 필라델피아에 사는 어느 여성의 편지도 있었습니다. 그녀는 화가 단단히 나 있었어요. 저에 대한 비난이 너무 심해 저는 속으로 '하나님, 이런 여자랑 결혼하지 않게 해주셔서 감사합니다'라고 생각할 정도였지요.

저는 당장이라도 편지를 쓰고 싶었습니다. 제가 지명을 틀린 건 잘못이지만 당신의 무례함은 더 큰 잘못이라고 지적해주고 싶었죠. 하지만 그렇게 하지 않았습니다. 바보처럼 성급하게 싸우는 행동은 하고 싶지 않았거든요. 그보다는 여성의 반감을 호의로 바꿔보기로 마음먹었습니다. 일단 그 여성의 관점에 공감하고자 했어요. '내가 그녀라도 그렇게 생각했을 거야.' 나중에 필라델피아에 방문했을 때 그 여성과 이런 전화 대화를 나눴습니다.

카네기: 안녕하세요? 저번에 보내 주신 편지 잘 받았습니다. 감사 인사드리려고 전화했습니다.

여성: 전화하신 분은 누구시죠?

카네기: 아마 잘 모르시겠지만, 저는 데일 카네기라고 합니다. 얼마 전 방송에서 제가 루이자 메이 올콧이 뉴햄프셔 주 콩코드에서 살았다고 말했어요. 정말 어처구니없는 실수를 저지른 사람이 바로 저입니다. 너무 큰 실수를 저질러 사과하고 싶었습니다. 시간을 내어 편지를 보내 주셔서 정말 감사했어요.

여성 : 아니에요. 사과할 사람은 저예요. 그런 식으로 편지를 쓰다니 제가 제 정신이 아니었나 봐요.

카네기 : 아닙니다. 제가 사과해야죠. 방송에서도 사과를 드렸지만 개인적으로도 사과드리고 싶습니다.

여성 : 저는 매사추세츠 주 콩코드에서 태어났어요. 저희 집안은 지난 200년 동안 매사추세츠 주에서 알아주는 집안이었고요. 저는 고향에 대한 자부심이 있어요. 그래서 올콧이 뉴햄프셔 주 출신이라는 말에 화가 났었나 봅니다. 지금 생각하니 너무 부끄럽네요.

카네기 : 저도 너무 괴로웠습니다. 제 실수가 매사추세츠 주에는 피해를 주진 않겠지만, 제 자신에게 너무 실망했습니다. 앞으로 제가 또 실수하면 언제든 말씀해 주세요.

여성 : 제 비판을 이해해주셔서 감사합니다. 당신은 정말 훌륭한 분이라는 생각이 드네요. 앞으로 기회가 되면 만나 뵐 수 있길 바랍니다.

제가 사과하고 상대방의 입장에 공감했기 때문에, 상대방도 저에게 사과하고 제 입장에 공감해 주었습니다. 저는 제 감정을 스스로 조절했다는 것에 뿌듯함도 느꼈고요. 게다가 모욕을 듣고도 호의를 베푼 제 자신에게도 만족하게 되었지요. (So, because I had apologized and sympathized with her point of view, she began apologizing and sympathizing with my point of view, I had the satisfaction of controlling my temper, the satisfaction of returning kindness for an insult.) 상대방을 적으로 만들기보다 나를 좋아하게 만드는 것에서 무엇보다도 큰 즐거움 느꼈습니다.

핵심정리

1. 네 명 중 세 명은 공감에 굶주려 있다. 상대방을 공감해 주면 상대방도 나를 좋아할 것이다.
2. 상대방을 적으로 만들기보다 나를 좋아하게 만드는 것이 무엇보다도 큰 즐거움이 될 수 있다.

실천하기

많은 사람이 공감을 원합니다. 내가 공감을 베풀면 나도 공감을 받습니다. 다른 사람을 공감하기 위해 우리가 할 수 있는 일은 무엇이 있는지 의견을 나눠 봅시다.

19장

좀 더 고상한 동기에 호소하자
Appeal to the nobler motives

그럴 듯해 보이는 이유 vs. 진짜 이유

미국의 은행가인 존 피어폰트 모건은 어느 연설에서 매우 중요한 점을 지적한 적이 있습니다. 사람들이 어떤 행동을 하는 데는 두 가지 이유가 있다고 보았는데요. 하나는 '그럴 듯해 보이는 이유'이고, 또 하나는 '진짜 이유'입니다.

사람들은 진짜 이유를 생각하고 행동할 것입니다. 굳이 강조할 필요도 없지요. 하지만 우리는 누구나 마음속으로 이상주의자가 되어 그럴 듯해 보이는 이유를 생각해 내는 걸 좋아합니다. 따라서 사람들을 변화시키려면 좀 더 고상한 동기에 호소해야 합니다. (The person himself will think of the real reason. You don't need to emphasize that. But all of us, being idealists at heart, like to think of motives that sound good. So, in order to change people, appeal to the nobler motives.)

영국의 유명 일간지 「데일리 메일」을 창간한 노스클리프의 이야기입니다. 이 신문에는 노스클리프의 사진이 실렸고 앞으로도 계속 실릴 예정이었습니다. 하지만 그는 자신의 사진이 공개되는 걸 바라지 않았죠. 그래서 편집장에게 편지를 보냅니다. "제 사진을 공개하지 말아 주세요. 싫습니다." 이렇게 썼을까요? 아닙니다. 그는 좀 더 고상한 동기에 호소했지요. 바로 모든 사람이 갖고 있는 어머니에 대한 존경심과 사랑에 호소했습니다. 그는 편집장에게 이렇게 편지를 씁니다. "제 사진을 공개하지 말아 주세요. 제 어머니가 좋아하지 않습니다."

존 록펠러도 신문기자들이 자기 자녀들 사진을 마구 찍어 대는 것이 불만이었습니다. 그래서 그 역시 고상한 동기에 호소하는 방법을 사용했습니다. 그는 "아이들 사진이 신문에 나오는 걸 원치 않습니다"라고 말하지 않았어요. 대신에 우리 모두가 가지고 있는 아이들을 존중하고자 하는 욕구에 호소합니다. 록펠러는 이렇게 말했습니다. "여러분 중에도 자녀를 키우시는 분이 있을 것입니다. 자녀들의 얼굴이 사람들에게 너무 알려지면 별로 좋지 않다는 사실을 여러분도 잘 아시잖아요."

이번에는 미국의 잡지 『새터데이 이브닝 포스트』와 여성 잡지 『레이디스 홈 저널』 등을 소유한 백만장자 사이러스 커티스의 이야기입니다. 그는 다른 잡지사들처럼 처음 잡지를 시작했을 때 작가들에게 원고료도 지급하기 어려울 정도로 가난했습니다. 돈으로 1급 작가를 고용할 수 없었기 때문에 좀 더 고상한 동기에 호소하는 전략을 사용했는데요. 앞서 이야기한 루이자 메이 올컷이 『작은 아씨들』로 최고의 명성을 날리던 때 그녀를 설득해 원고를 받아 낼 수 있었습니다. 올컷에게 원고료를 직접 지불하지 않고 대신 그녀가 소중하게 생각하던 자선단체에 후원금 명목으로 지불했던 것입니다.

상대방의 페어플레이 정신에 호소했을 때

예전에 카네기 인간관계 수업을 들었던 제임스 토머스라는 사람이 들려준 실제 경험담입니다. 토머스가 근무하는 자동차 회사에서 고객 여섯 명이 서비스 이용료를 내지 않겠다고 버티고 있었습니다. 이용료가 생각보다 너무 높게 매겨졌다는 것이 이유였습니다. 이미 고객들의 동의 서명을 받았기 때문에 회사 입장에서는 고객들에게 서비스 이용료를 내라고 요구하는 것이 정당했습니다.

회사의 신용 부서 직원들은 이용료를 받아 내기 위해 고객들을 찾아가 납부를 강요했습니다. 그들은 회사가 무조건 옳고 고객들은 무조건 틀리다는 식으로 접근했지요. 게다가 회사가 고객보다는 자동차에 관해 훨씬 아는 것이 많다는 식으로 말했습니다. 결국 문제는 전혀 해결되지 못했습니다.

다행히 이 문제를 회사의 지사장이 알게 되었습니다. 그가 알아보니 고객들은 평소에는 이용료를 잘 내던 사람들이었습니다. 그래서 뭔가 대단히 잘못 돌아가고 있다는 걸 직감했죠. 지사장은 토머스에게 이 문제를 한번 해결해보라고 지시했습니다.

토머스도 고객들을 찾아갔습니다. 다른 직원들처럼 고객들에게 이용료를 받아 내기 위해서였죠. 하지만 토머스는 이용료 이야기는 한마디도 꺼내지 않았습니다. 대신 회사가 어떤 서비스를 제공하고 어떤 점이 부족했는지 알아보기 위해 찾아왔다고 말했습니다. 그리고 고객의 이야기를 모두 듣기 전까지는 어떤 판단도 내리지 않았고, 회사가 절대로 옳다는 주장도 하지 않겠다고 말했습니다. 고객이 운전하는 자동차에 관해서는 고객 자신이 가장 잘 알기 마련이라는 이야기도 했지요.

마침내 고객이 흥분을 가라앉히고 차분히 이야기를 나눌 상태가 되었을 때 토머스는 고객의 페어플레이 정신에 호소했습니다. 고객의 고상한 동기에 호소한 것이죠. 토머스도 이렇게 말했습니다. "고객님, 우선 지난번 다른 직원의 조치 때문에 불편하고 화가 나셨을 거예요. 제가 회사를 대신해 사과드리겠습니다. 제가 고객님과 이야기를 나눠 보니 고객님은 매우 공정하고 인내심이 강한 분이라는 생각이 듭니다. 그래서 한 가지 부탁을 드리고자 하는데요. 이 서비스 이용료 청구서의 금액을 조정해 주시면 좋겠습니다. 다른 누구보다도 고객님이 이 내용을 가장 잘 아시리라 믿습니다. 저희는 전적으로 고객님에게 맡기고 금액을 결정하시는 대로 따르겠습니다."

고객들은 금액을 조정했을까요? 물론입니다. 고객들은 즐거워 보였습니다. 한 사람만 제외하고 나머지 다섯 명은 이용료를 전액 납부했습니다. 그리고 2년 안에 여섯 명 모두 이 회사에서 새 차를 구매했지요.

토머스는 고객에 관한 아무런 정보가 없을 때라도 이 고객은 진실하고 정직하고 신뢰할 수 있는 사람이라고 믿어 주기만 하면 일을 훨씬 수월하게 해 나갈 수 있다는 사실을 깨달았습니다. 이 말을 좀 더 분명하게 표현하자면, 사람들은 정직하고 자신의 의무를 다하려고 한다는 것입니다. 이러한 법칙에서 벗어나는 사람은 많지 않습니다. 사람들은 자신을 정직하고 올바르고 공정한 사람으로 믿어 줄 때 대부분 호의적인 태도를 보여 줍니다.

핵심정리

1. 누구나 마음속으로 이상주의자가 되고 싶어 한다. 따라서 사람들
   을 변화시키려면 좀 더 고상한 동기에 호소해야 한다.
2. 사람들은 자신을 정직하고 올바르고 공정한 사람으로 믿어 줄 때
   대부분 호의적인 태도를 보인다.

실천하기

'진짜 이유'와 '그럴 듯한 이유'의 차이를 이해했나요? 우리 주변에
서 그럴 듯한 이유를 내세워 개인이나 집단을 설득한 사례를 찾아봅
시다.

20장

여러분의 생각을 극적으로 표현하자
Dramatize your ideas

극적이면 더 설득력이 있다

몇 년 전 일간지 「필라델피아 이브닝 불러틴」은 나쁜 소문에 시달리고 있었습니다. 신문 지면에 광고가 너무 많아 독자들이 신문을 외면하고 있다는 소문이 광고주들 사이에 퍼지고 있었던 것이죠. 이 소문을 진압하기 위한 빠른 조치가 필요했습니다.

과연 어떻게 대처했을까요? 「불러틴」은 다음과 같은 방법을 썼습니다. 일단 그날 정규판 신문에서 뉴스 기사에 해당하는 부분을 모두 오려 내 한 권의 책으로 만들었습니다. 책 이름은 말 그대로 『하루(One Day)』였습니다. 책 분량은 무려 307페이지로 2달러 정도 받아도 충분해 보였습니다. 그런데 책값은 고작 2센트였지요.

이 책을 통해 「불러틴」은 신문에 엄청나게 많은 양의 뉴스 기사가 실려 있다는 사실을 '극적으로' 보여 주었습니다. 이 책은 어떤 수치나 주장을 내세우지 않고도, 아주 생생하고 재미있고 인상적인 방법으로 팩트를 전달할 수 있었지요.

케네스 구드와 젠 카우프만의 『비즈니스 쇼맨십』이라는 책에는 극적인 연출을 통해 매출을 엄청나게 올린 다양한 사례가 실려 있습니다. 몇 가지만 소개해 볼까요? 독일의 일렉트로룩스사는 냉장고를 판매할 때 냉장고가 얼마나 조용한지 보여 주려고 고객의 귀에 성냥을 긋는 소리를 직접 들려주었다고 합니다. 월트 디즈니사는 미키 마우스가 백과사전에 어떻게 등재될 수 있었는지, 그 이름을 붙인 장난감 덕분에 망해 가던 회사가 어떻게 극적으로 파산 위기에서 벗어날 수 있었는지도 보여 줍니다. 클라이슬러사는 자기 회사의 자동차가 얼마나 튼튼한지 보여 주기 위해 코끼리를 자동차 위에 올려놓은 일도 있습니다.

뉴욕대의 리처드 보든과 앨빈 뷔스는 1만 5,000건의 세일즈 인터뷰를 분석해 『논쟁에서 이기는 법』이라는 책을 썼습니다. 이 책을 가지고 〈여섯 가지 세일즈 법칙〉이라는 제목으로 강연도 했습니다. 이 책의 내용은 영화로도 만들어져 수많은 기업의 직원들이 시청했고요. 두 사람은 자신들이 발견한 원칙을 설명할 뿐 아니라 실제로 구현해 보여 준 것이죠. 청중들 앞에서 논쟁을 벌이면서 좋은 세일즈와 나쁜 세일즈를 직접 보여주기도 했습니다.

쇼윈도 디스플레이 전문가들은 극적인 연출이 가진 힘을 잘 알고 있습니다. 예를 들어, 쥐약을 개발한 어느 업체는 대리점 쇼윈도에 살아 있는 쥐 두 마리를 전시하며 새로운 상품을 광고했습니다. 쇼윈도에 쥐가 있었던 그 주의 판매량이 평소보다 다섯 배나 증가했다고 합니다.

오늘날은 연출의 시대입니다. 단순히 어떤 사실을 말로 설명하는 것으로는 부족해요. 생생하고 재미있고 극적으로 제시해야 합니다. 쇼맨십을 활용해야 합니다. 영화나 TV가 그렇게 하고 있죠. 관심을 끌고 싶다면 여러분도 그렇게 해야 합니다. (This is the day of dramatization. Merely stating a truth isn't enough. The truth has to be made vivid, interesting, dramatic. You have to use showmanship. The movies do it. Television does it. And you will have to do it if you want attention.)

핵심정리

1. 상대방에게 어떤 사실을 단순히 말로 설명하는 것으로는 충분하지 못할 때가 많다.
2. 상대방을 설득하고 싶다면 여러분의 생각을 생생하고 재미있고 극적으로 제시해야 한다.

실천하기

텔레비전이나 인터넷과 같은 미디어에서 대중을 설득하기 위해 어떤 사실을 생생하고 재미있고 인상적으로 전달하는 사례를 조사해 보세요. 여기서 여러분은 무엇을 배울 수 있나요?

21장

도전 정신을 불러일으키자
Throw down a challenge

찰스 슈와브가 운영하는 공장 중에 생산량이 저조한 공장이 있었습니다. 슈와브는 공장장에게 물었지요. "공장장님처럼 유능한 분이 맡은 공장이 왜 생산량이 저조할까요?" 그러자 공장장은 이렇게 대답했습니다. "저도 잘 모르겠습니다. 공장 직원들에게 격려도 해 보고 화도 내 보고 심지어 해고할 수도 있다고 위협도 해 보았지만 아무런 효과가 없었습니다. 다들 일할 의욕이 없어 보였습니다."

그때가 마침 저녁때라 야간 근무조가 투입될 시간이었습니다. 슈와브는 분필을 달라고 하더니 주간 근무조 직원에게 "오늘 주조물을 몇 번 녹였나요?"라고 물었습니다. 직원이 여섯 번이라고 대답하자, 슈와브는 바닥에 '6'이라는 숫자를 크게 쓰고는 돌아가 버렸습니다.

야간 근무조가 공장으로 들어오면서 숫자 '6'을 보고 무엇이냐고 묻자, 주간 근무조 직원은 "사장님이 주조물을 몇 번 녹였는지 물어보시더니 이렇게 숫자를 적어 놓고 가셨어요"라고 대답했습니다.

다음 날 아침 슈와브가 다시 공장에 와서 보니, 전날 야간 근무조가 '6'을 지우고 '7'이라고 써 놓았습니다. 주간 근무조도 '7'이라는 숫자를 보고는 갑자기 경쟁심이 불타올랐습니다. '야간 근무조가 주간 근무조보다 더 낫다고 생각하는 건가?' 주간 근무조는 야간 근무조의 콧대를 꺾어 주고 싶었습니다. 그래서 그날 열심히 일하고는 바닥에 '10'이라는 숫자를 크게 써 놓고 퇴근했습니다. 바닥에 숫자는 날이 갈수록 커졌습니다.

얼마 전까지만 해도 생산량이 가장 저조하던 공장이 이제는 생산량이 가장 높은 공장이 되었지요. 그 비결은 무엇이었을까요? 찰스 슈와브는 이렇게 말했습니다. "어떤 일이 돌아가게 하는 방법은 경쟁심을 자극하는 것입니다. 그것은 돈만 밝히는 추잡한 경쟁심이 아니라 다른 사람보다 더 탁월해지고자 하는 선의의 경쟁심을 의미합니다."

더 탁월해지고자 하는 욕구! 도전 정신! 과감하게 경쟁하기! 이런 것들이야말로 패기 있는 사람들을 설득할 가장 확실한 방법입니다. (The desire to excel! The challenge! Throwing down the gauntlet! An infallible way of appealing to people of spirit.)

도전 정신이 역사를 바꾸다

이러한 도전 정신이 없었다면 시어도어 루스벨트도 미국 대통령이 되지 못했을 것입니다. 루스벨트는 쿠바에서 의용 기병대를 모아 스페인과의 전쟁을 승리로 이끌었습니다. 전쟁이 끝나자 귀국한 루스벨트는 뉴욕 주지사 후보로 선출되었습니다. 하지만 상대편인 민주당에서 루스벨트가 더 이상 뉴욕 주의 법적 거주자가 아니라는 사실을 밝혀냈습니다. 그러자 지레 겁을 먹은 루스벨트는 후보에서 사퇴하려고 했지요. 이때 상원 의원 토머스 콜리어 플랫이 루스벨트를 찾아가 도전 정신을 불러일으켰습니다. "스페인과의 전쟁을 승리로 이끈 영웅이 그깟 일로 소심한 겁쟁이가 되었단 말입니까?"

이 말을 들은 루스벨트는 끝까지 싸우기로 마음먹었습니다. 결국 그는 부통령을 거쳐 대통령까지 될 수 있었습니다. 이 위대한 도전은 루스벨트 개인의 인생을 바꾸었을 뿐만 아니라 미국 역사까지 바꾸어 놓는 계기가 되었습니다.

뉴욕 주지사로 일하고 있던 알 스미스도 도전에 맞닥뜨렸습니다. 데블스 아일랜드 서쪽에 위치한 싱싱 교도소의 소장이 없었던 것입니다. 심지어 교도소 안팎으로 흉흉한 소문과 추문이 퍼지고 있었지요. 스미스 주지사는 교도소를 철저하게 관리할 강력한 인물이 필요했습니다. 주지사는 뉴햄프턴에 있던 루이스 E. 로스에게 말했습니다. "싱싱 교도소를 맡아 주십시오. 경험이 많은 노련한 전문가가 필요합니다."

로스는 난감했습니다. 싱싱 교도소는 정치적 상황에 따라 예상 밖의 변수가 작용하는 위험한 곳이었습니다. 그래서 어떤 때는 3주 만에 교도소장이 바뀌기도 했지요. 로스는 자신의 경력에 득이 되지 실이 될지 몰라 고민하고 있었습니다. 이때 스미스는 로스의 도전 정신을 자극했습니다. "아직 젊으시니 고민이 될 만도 합니다. 그만큼 힘든 곳이니까요. 그래서 저는 그곳을 맡아 줄 대단한 인물들만 찾고 있습니다."

이 말을 들은 로스는 대단한 인물들이 할 수 있는 그 일을 해 보기로 마음먹었습니다. 로스는 마침내 가장 유명한 교도소장이 되었습니다. 『싱싱 교도소에서 보낸 2만 년』이라는 책도 수십만 권이나 팔리는 베스트셀러가 되었습니다. 방송에도 나갔고, 그의 교도소 생활 이야기를 토대로 수많은 영화도 만들어졌습니다. 수감자들을 '인간적으로 대하는' 로스의 교화 방식은 미국 전체 교도소에 개혁을 일으켰습니다.

파이어스톤이라는 미국 타이어 제조 회사를 설립한 하비 파이

어스톤은 이렇게 말합니다. "돈만으로는 훌륭한 인재를 데려올 수 없다. 그들을 데려오거나 붙잡아 둘 수 있는 것은 바로 게임이다." 성공한 사람이라면 누구나 좋아할 말이 바로 이 말입니다. 게임. 자기표현의 기회. 다시 말하면, 자신의 가치를 증명할 기회, 남보다 뛰어날 기회, 남에게 인정받을 기회입니다.

핵심정리

1. 선의의 경쟁심을 자극하는 것이야말로 패기 있는 사람들을 설득
   할 확실한 방법이다.
2. 도전 정신은 개인의 인생뿐만 아니라 인류의 역사를 바꾸어놓는
   힘이 될 수 있다.

실천하기

선의의 경쟁심을 자극하거나 도전 정신을 불러일으켜 성공한 인물의
사례를 찾아봅시다. 한편, 경쟁이나 도전은 약이 될 수도 있고 독이
될 수도 있습니다. 여기서 우리가 주의해야 할 점은 무엇일까요?

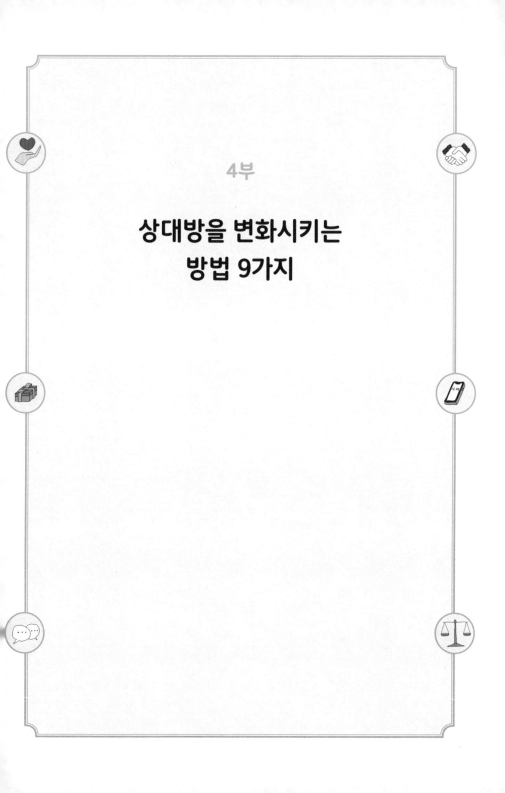

4부

상대방을 변화시키는
방법 9가지

22장

칭찬과 감사의 말로 시작하자
Begin with praise and honest appreciation

이발사도 면도 전에 비누칠을 한다

제 친구 하나가 캘빈 쿨리지 대통령의 초청으로 백악관에서 주
말을 보내게 되었습니다. 제 친구는 대통령을 만나러 개인 서재로
가다가 대통령이 비서에게 하는 말을 엿듣게 되었지요. "오늘 아
침 입은 옷이 참 예쁘군요. 당신은 정말 멋진 여성입니다."

말수가 적어 '침묵의 캘빈'이라는 별명을 가진 쿨리지 대통령
이었기에 아마도 비서가 대통령에게 받은 최고의 칭찬이었을지도
모릅니다. 비서는 당황한 나머지 얼굴이 붉어졌지요. 이때 쿨리지
가 한마디 더 합니다. "그렇다고 너무 자만해지지는 마세요. 그냥
기분 좋으라고 한 말이니까요. 앞으로는 보고서를 쓸 때 문장부호
에 더 신경 써 주시고요."

쿨리지 대통령은 약간 노골적이기는 하지만, 인간 심리를 잘 이해하고 있었습니다. 사람은 장점에 대해 칭찬을 먼저 들으면 나중에 안 좋은 이야기를 듣기가 훨씬 수월해집니다. (It is always easier to listen to unpleasant things after we have heard some praise of our good points.) 이발사도 면도를 하기 전에 비누칠을 합니다. 비누칠을 해야 면도를 부드럽게 할 수 있으니까요.

1896년 윌리엄 매킨리가 대통령 선거에 출마했을 때의 일입니다. 당시 공화당의 어느 저명한 당원이 연설문을 작성했습니다. 그는 자신이 쓴 연설문이 키케로, 패트릭 헨리, 대니얼 웹스터 같은 명연설가들의 연설문을 모두 합친 것보다 훌륭하다고 생각했습니다. 그는 매킨리 앞에서 그 연설문을 큰 소리를 읽었지요.

매킨리는 연설문을 들어 보니 잘 쓰긴 했지만 그대로 사용하기는 어렵다고 생각했습니다. 여기저기서 비난의 화살이 쏟아질 게 분명했습니다. 매킨리는 이 당원의 감정을 상하게 하고 싶지 않았습니다. 그의 열정을 죽이지 않으면서도 연설문을 다시 고치도록 만들어야 했습니다. 매킨리가 어떻게 이 일을 멋지게 해냈는지 한번 살펴볼까요?

매킨리는 이렇게 말했습니다. "정말 훌륭한 연설입니다. 누구도 이 정도로 잘 쓰진 못할 거예요. 정확한 지적들이 꽤 많습니다. 그런데 이번 대선에서는 적절할지 모르겠어요. 개인의 관점에서는 합리적이고 타당한 말도 정당의 관점에서 과연 효과가 있는지 생각해 봐야겠어요. 돌아가셔서 제가 한 말을 염두에 두고 다시 한 번 연설문을 써 주시길 바랍니다."

그 당원은 매킨리의 말을 기꺼이 따랐습니다. 매킨리는 연설문 곳곳을 고치고 다듬는 데 도움을 주었습니다. 그 후로 이 당원은 선거 기간 동안 훌륭한 연사로 활동할 수 있었습니다.

링컨이 쓴 두 번째로 유명한 편지

에이브러햄 링컨 대통령이 쓴 여러 편지 중에 두 번째로 유명한 편지가 있습니다. (참고로, 링컨의 가장 유명한 편지는 전쟁에서 다섯 아들을 잃은 빅스빅 여사에게 쓴 애도의 편지입니다.) 링컨은 이 편지를 시간에 쫓겨 5분 만에 쓴 것으로 보입니다. 하지만 1926년 경매에서 1만 2,000달러에 팔렸습니다. 링컨이 50년 동안 일해서 모은 돈보다 훨씬 많은 금액이었지요.

링컨이 이 편지를 쓴 1863년 4월 26일은 남북전쟁 중 북군이 가장 힘든 시기를 보낼 때였습니다. 무려 1년 6개월 동안 링컨이 임명한 장군들은 패배에 패배를 거듭했지요. 아무 소득 없이 수많은 사람이 전사했고 탈영병들도 잇따라 나왔습니다. 공화당 의원들도 링컨을 대통령직에서 쫓아내려고 했습니다. 이처럼 암울한 시기에 링컨은 편지를 쓰게 되었습니다.

이 편지는 링컨이 대통령이 된 다음에 쓴 편지 중에 가장 신랄하고 비판적인 편지일 것입니다. 그럼에도 링컨은 후커 장군을 비판하기 전에 칭찬부터 했다는 점을 눈여겨보아야 합니다. 다음은 후커 장군에게 보낸 링컨의 편지입니다.

후커 장군에게

나는 장군을 포토맥 부대의 지휘관으로 임명했습니다. 물론 충분한 이유가 있어 그렇게 했지만, 지금은 충분히 만족하지 못하는 점이 있어 알려 드리고자 합니다.

나는 장군이 용감하고 유능한 군인이라 믿고 있고 그런 점이 마음에 듭니다. 군인으로서 정치적인 일에 관여하지 않는 점도 옳다고 생각합니다. 장군은 스스로에 대한 믿음을 가지고 있는데, 필수적이지는 않더라도 소중한 자질입니다. 장군은 야심도 가지고 있습니다. 적당한 야심은 도움이 됩니다. 하지만 번사이드 장군 휘하에 있을 때 장군은 야심이 지나쳐 상관의 명령을 불이행했는데, 이는 동료 장군과 국가에 크나큰 잘못을 저지른 것입니다. 장군은 군대와 정부에 독재자가 필요하다는 말을 했다고 하지요. 그 말을 했기 때문이 아니라, 그 말을 했음에도 불구하고 나는 장군을 지휘관으로 임명한 것입니다. 일단 성공한 장군들만이 독재자가 될 수 있습니다. 내가 지금 장군에게 요구하는 것은 군사적 성공입니다.

성공만 한다면 독재라도 감수할 생각입니다.

　정부는 최선을 다해 장군을 도울 것입니다. 지금까지 그렇게 해 왔고, 모든 지휘관에게 그렇게 할 것입니다. 장군은 군대 내에 지휘관을 비판하고 신뢰하지 않는 풍조가 생기게 했습니다. 그 결과가 장군에게도 돌아오지 않을까 걱정됩니다. 그런 일이 일어나지 않도록 장군을 돕겠습니다.

　제 아무리 나폴레옹이 다시 살아 돌아온다고 해도 이런 분위기의 군대는 성공하기 어렵습니다. 그러니 경솔한 말과 행동은 삼가길 바랍니다. 온 마음과 힘을 다해 전진해 우리에게 승리를 안겨 주십시오.

캘빈 쿨리지 대통령, 윌리엄 매킨리, 에이브러햄 링컨 대통령처럼 다른 사람의 기분을 상하게 하거나 반감을 사지 않으면서 상대를 변화시키고 싶다면 칭찬과 진심 어린 감사로 대화를 시작해 보세요.

핵심정리

1. 사람은 장점에 대한 칭찬을 먼저 들으면 나중에 안 좋은 이야기를 듣는 것이 훨씬 수월해진다.
2. 기분을 상하게 하지 않으면서 상대를 변화시키고 싶다면 칭찬과 감사로 대화를 시작하자.

실천하기

누군가의 잘못을 지적하고 싶을 때 칭찬과 감사의 말로 시작해 보세요. 예를 들면 어떤 칭찬과 감사의 말이 있을지 생각해 볼까요?

23장

상대방의 잘못을 간접적으로 환기시키자
Call attention to people's mistakes indirectly

잘못을 지적하지 않고 바꾸고 싶다면

어느 날 점심시간 무렵, 찰스 슈와브는 자신의 제철 공장을 돌아보고 있었습니다. 그런데 한쪽 구석에서 직원들이 담배를 피우고 있었죠. 직원들 머리 바로 위에는 '금연'이라는 팻말이 붙어 있었습니다. "저 위에 금연이라는 팻말 안 보이세요?" 슈와브가 이렇게 말했을까요? 전혀 아닙니다. 슈와브는 다른 방식으로 접근했습니다.

그는 직원들에게 다가가 시가 담배를 하나씩 손에 쥐어 주며 말했습니다. "이 시가는 밖에 나가서 피워 주시면 고맙겠습니다." 사실 직원들도 그곳이 금연 장소라는 걸 알고 있었습니다. 하지만 슈와브는 한마디도 지적하지 않았습니다. 오히려 작은 선물을 베풀며 상대방이 중요한 사람이라는 느낌까지 주었지요. 직원들은 사장인 슈와브를 존경할 수밖에 없었습니다.

존 워너메이커도 비슷한 방법을 사용했습니다. 어느 날 워너메이커는 필라델피아에 있는 자신의 백화점을 돌아보고 있었습니다. 그러다가 어느 고객이 계산대에서 서성이고 있는 모습을 보게 되었지요. 아무도 그 고객에게 신경을 쓰고 있지 않았습니다. 직원들이 한쪽 구석에 모여 잡담을 나누고 있었던 겁니다.

하지만 워너메이커는 그 누구에게 아무 말도 하지 않았습니다. 그는 조용히 계산대로 들어가 그 고객의 물건을 직접 계산했습니다. 그런 다음 직원들에게 물건을 건네주며 포장해 달라고 말하고는 자리를 떠났습니다.

1887년 3월 8일, 헨리 워드 비처 목사가 갑자기 세상을 떠나고 말았습니다. 이 목사는 감동적인 설교를 잘하기로 유명했지요. 교회에서는 비처 목사가 떠나고 설교할 사람이 없자 라이먼 애벗에게 대신 설교를 해 달라고 도움을 요청했습니다. 최선을 다해야겠다고 마음먹은 애벗은 설교문을 쓰고 또 고쳐 썼습니다. 그러고는 아내에게 읽어 주었지요. 글로 쓴 연설문이 대부분 그렇듯 그의 설교문도 형편없었습니다.

만약 판단력이 부족한 아내였다면 이렇게 말했을지도 모릅니다. "여보, 아주 형편없어요. 지루해서 사람들이 다 졸 거예요. 무슨 백과사전도 아니고… 오랫동안 설교를 하고도 이것밖에 못 해요?" 물론 이렇게 말할 수도 있었겠지요. 하지만 아내는 "『노스 아메리칸 리뷰』에 실으면 정말 좋은 글이 될 것 같아요"라고만 대답했습니다. 다시 말해, 글은 매우 잘 썼지만 설교에는 적합하지 않을 것 같다는 의미를 돌려서 말한 것이지요. 애벗은 아내의 말뜻을 알아듣고는 준비한 설교문을 던져 버리고 메모 하나 없이 훌륭하게 설교를 해냈습니다.

핵심정리

1. 상대방의 잘못을 지적하면 반감을 불러일으킬 뿐 아무런 변화도 가져올 수 없다.
2. 잘못을 지적하지 않고도 상대방을 변화시키고 싶다면 간접적으로 잘못을 환기시키자.

실천하기

상대방의 잘못을 지적해 본 적이 있나요? 그 결과는 어땠나요? 그때 잘못을 직접 지적하지 않고 간접적으로 환기시키기 위해 어떤 방법을 쓰면 좋았을까요?

24장

상대방을 비판하기 전에
자신의 잘못부터 말하자

Talk about your own mistakes
before criticizing the other person

⚖️

나도 완벽하지 않다는 걸 인정하자

수년 전에 캔자스에서 살던 조카 조세핀 카네기는 뉴욕으로 와서 제 비서로 일하기 시작했습니다. 나이는 열아홉 살이었고 고등학교를 졸업한 지는 3년밖에 되지 않았죠. 직장 경력은 거의 없었습니다. 지금은 어디에 내놓아도 손색없는 유능한 비서지만, 당시에는 글쎄… 개선의 여지가 아주 많았다고 해야 할까요?

하루는 조세핀을 꾸중하려 하다가 문득 이런 생각이 들었습니다. '잠깐, 데일 카네기. 너는 조세핀보다 나이가 두 배나 많잖아. 일에 대한 경험은 1만 배는 더 많을 거고. 그런데 어떻게 조세핀이 너 정도의 안목과 판단력과 적극성을 가지길 바랄 수 있겠어? 뭐, 너라고 능력이 엄청 뛰어난 것도 아니지만 말이야. 데일, 너는 열

아홉 살에 뭘 했지? 네가 저지른 어리석은 실수들과 잘못들은 기억하지?'

정직하게 제 자신을 돌아보니 옛날의 저보다 조세핀이 훨씬 잘하고 있다는 결론을 내렸지요. 게다가 조세핀이 마땅히 받아야 할 칭찬을 제대로 해 주지 못하고 있다는 사실도 깨달았고요.

그래서 조세핀의 잘못을 지적하고 싶을 때마다 이런 식으로 말을 꺼냈습니다. "조세핀, 실수를 저질렀구나. 하지만 내가 저질렀던 실수에 비하면 아무것도 아니란다. 판단력은 타고나는 게 아니야. 경험이 쌓이면 생기는 거지. 너는 예전의 삼촌보다 훨씬 잘하고 있어. 나는 워낙 어리석고 실수를 많이 저질러서 누구를 비난할 처지도 아니야. 그런데 네가 이 일은 이렇게 하면서 더 좋지 않을까?"

만약 비판을 하는 사람이 겸손하게 자신이 완벽하지 않다고 인정하면서 시작한다면, 여러분의 잘못을 반복해서 지적하더라도 듣기 힘들지는 않을 것입니다. (It isn't nearly so difficult to listen to a recital of your faults if the person criticizing begins by humbly admitting that he, too, is far from impeccable.)

겸손과 칭찬은 인간관계의 기적을 낳는다

독일의 베른하르트 폰 뷜로도 이 원리를 뼛속 깊이 느꼈습니다. 폰 뷜로는 당시 빌헬름 2세*가 통치하는 독일 제국의 총리였지요. 그런데 빌헬름 2세는 독일이 어느 나라보다 강력한 육군과 해군을 보유하고 있다며 오만하게 굴었습니다.

결국 빌헬름 2세는 도가 지나친 말을 해 문제를 일으켰지요. 예를 들면 이런 말이었습니다. "독일만이 영국에 우호적이다." "일본의 침략에 대비해 영국은 해군을 키우고 있다." "빌헬름 2세 자신만이 러시아와 프랑스로부터 영국을 구원할 수 있다." "영국이 보어 전쟁에서 승리를 거둔 것은 자신의 전략을 따랐기 때문이다."

지난 100년 동안 어느 유럽 국가의 왕도 감히 할 수 없는 말들을 쏟아냈습니다. 빌헬름 2세의 말 때문에 유럽 전체가 시끌시끌했습니다. 생각보다 문제가 커지자 빌헬름 2세는 폰 뷜로에게 대신 책임져 달라고 요청했지요. 폰 뷜로가 황제에게 조언을 잘못했다는 식으로 말하길 원했던 것입니다.

그러자 폰 뷜로는 이렇게 말했습니다. "황제 폐하, 독일인이나 영국인 어느 누구도 제가 폐하께 그런 식으로 조언했다고 믿지 않을 것입니다." 폰 뷜로는 이 말을 내뱉자마자 자신이 실수했다는 걸 깨달았습니다. 황제는

* 빌헬름 2세(재위 1888~1918)는 독일 제국의 제2대 황제이자 프로이센의 왕이었다. 독일이 제1차 세계 대전에서 패배하자 네덜란드로 망명했다.

다짜고짜 이렇게 화를 냈습니다. "당신은 당신이라면 저지르지 않을 잘못을 어리석은 내가 저지르고 다닌다고 생각하는군."

폰 뷜로도 비판하기 전에는 칭찬을 해야 한다는 사실을 알고 있었습니다. 하지만 이미 늦었으니 차선책을 선택했지요. 비판하고 난 뒤에 칭찬을 하는 것이었습니다. 마침내 이 방법이 기적을 만들어 냈습니다.

폰 뷜로는 겸손하게 말했습니다. "절대 그렇게 생각하지 않습니다. 폐하는 여러 면에서 저보다 훨씬 뛰어난 분이십니다. 군대에 관한 지식뿐만 아니라 자연과학에 관한 지식이 탁월하십니다. 폐하께서 기압계, 전보, 엑스선에 대해 설명하실 때 저는 감탄을 금치 못했습니다. 저는 화학이나 물리학은 물론이고 단순한 자연 현상도 설명할 줄 모릅니다. 그나마 다행스럽게도 역사는 조금 알고 있고 정치나 외교 쪽도 어느 정도 지식이 있습니다."

황제의 표정은 금세 밝아졌습니다. 폰 뷜로가 자신은 낮추고 황제를 칭찬했기 때문이지요. 황제는 기분이 좋은 듯 이렇게 말했습니다. "우리는 서로 보완하는 관계가 맞소. 우리는 앞으로 함께 가야 하오."

폰 뷜로는 뒤늦게나마 자신을 구할 수 있었습니다. 인간관계에 뛰어난 외교관인 그도 처음에는 실수를 저질렀죠. 처음에 칭찬으로 시작해야 했습니다. 폰 뷜로는 자신을 낮추고 상대방을 칭찬해 오만한 황제도 절친한 친구로 만들었습니다. 우리의 일상에서도 겸손과 칭찬이 어떤 일을 할 수 있는지 상상해 보세요. 제대로 사용한다면, 겸손과 칭찬은 인간관계에서 진정한 기적을 일으킬 것입니다. (Imagine what humility and praise can do for you and me in our daily contacts. Rightfully used, they will work veritable miracles in human relations.)

1. 나의 잘못부터 인정하면 상대방도 비판을 쉽게 받아들인다.
2. 인간관계에서 겸손과 칭찬은 진정한 기적을 일으킨다.

실천하기

최근에 누군가의 잘못을 지적하거나 생각해 본 적이 있다면, 과연 나는 어떠한가를 되돌아보세요. 나에게도 잘못이 있다면 인정하고, 상대방에게 나의 잘못을 먼저 고백하면서 대화를 이끌어 보세요.

25장

직접 명령을 내리지 말고 질문을 던지자
Ask questions instead of giving direct orders

오언 D. 영의 인간관계 기술

    최근에 미국 전기 작가의 원로인 아이다 타벨 여사와 저녁 식사를 함께할 기회가 있었습니다. 제가 이 책 『데일 카네기 인간관계론』을 쓰고 있는 중이라고 말하자, 자연스럽게 '다른 사람과 잘 지내는 법'이라는 주제로 이야기를 하게 되었지요.

    여사는 오언 D. 영*의 전기를 쓸 때, 영과 3년 동안 같은 사무실을 썼던 사람과 인터뷰를 했습니다. 그 사람은 3년 동안 오언 D. 영이 다른 사람에게 직접적으로 명령을 내리는 모습을 한 번도 보지 못했다고 합니다.

    영은 늘 명령이 아니라 제안을 했습

> * 오언 D. 영(1874~1962)은 미국의 법률가이자 실업가이다. 독일의 배상 문제에 관한 '영안(Young Plan)'을 작성했고, 제너럴일렉트릭사의 이사장, 뉴욕연방준비은행의 중역, 국제상업회의소 회장 등을 지냈다.

니다. 결코 "이것을 하라, 저것을 하라" 또는 "이것을 하지 마라, 저것을 하지 마라"라는 식으로 말하지 않았지요. 대신에 "이걸 고려해 보면 어떨까요?" 또는 "저렇게 하면 될까요?"라는 식으로 말했다고 합니다. 비서에게 편지를 받아 적도록 한 다음에는 "이 편지 내용 어떤가요?"라고 자주 물었습니다. 비서가 써 온 편지를 검토한 다음에는 "이런 식으로 표현을 바꾸면 더 좋을 것 같군요"라고 말했습니다.

오언 D. 영은 항상 다른 사람들에게 직접 일을 처리할 수 있는 기회를 주었습니다. 비서들에게 무엇을 하라고 지시를 내리는 법이 없었지요. 그들이 알아서 일을 하도록 내버려 두었고, 실수를 통해 스스로 배울 수 있게 했습니다. (Owen D. Young always gave people the opportunity to do things themselves. He never told his assistants to do things. He let them do them, let them learn from their mistakes.)

이러한 기술은 상대방이 쉽게 자신의 잘못이나 실수를 고칠 수 있도록 해 줍니다. 더불어 그 사람의 자존심을 상하지 않게 하면서 자신이 중요한 사람이라는 느낌이 들게 하지요. 그 사람에게 반감이 아니라 협조하고자 하는 마음을 불러일으킵니다.

따라서 기분을 상하게 하거나 반감을 일으키지 않으면서 상대방을 변화시키고 싶다면, 직접 명령을 내리지 말고 질문을 해 보세요.

핵심정리

1. 상대방에게 명령이 아닌 질문을 하자. "이걸 고려해 보면 어떨까
   요?" 또는 "저렇게 하면 될까요?"라는 식으로 말하자.
2. 상대방이 알아서 일을 하도록 내버려 두고, 실수를 통해 스스로 배
   울 수 있게 하자.

실천하기

말투 하나 바꿨을 뿐인데 인간관계가 쉬워질 때가 있습니다. 여러분
은 누군가에게 무언가를 제안할 때 명령형으로 말하는지 질문형으로
말하는지 한번 되돌아보세요.

26장

상대방의 체면을 세워 주자
Let the other person save face

오래전에 전기 회사인 제너럴일렉트릭(GE)사에서는 찰스 스타인메츠에게서 부서장 자리를 빼앗아야 하는 까다로운 문제가 생겼습니다. 스타인메츠는 전기 분야에서는 일인자라고 할 수 있었지만, 회계 부서의 부서장으로는 적합하지 않았지요. 회사에서 그는 여전히 필요한 인재였으므로 회사는 그의 기분을 상하게 하고 싶지 않았습니다. 그는 매우 예민한 사람이기도 했거든요.

그래서 회사에서는 그에게 'GE 컨설팅 엔지니어'라는 새로운 직함을 만들어 주었습니다. 직함만 달라졌을 뿐 그는 계속 해 오던 일을 하면 되었습니다. 그리고 회계 부서는 다른 사람에게 맡겼고요.

스타인메츠는 만족했습니다. 회사 경영진들도 만족스럽기는 마찬가지였죠. 상대방의 체면을 세워 주는 방법으로 까다로운 회사의 인사 문제를 깔끔하게 해결했기 때문입니다.

상대방의 체면을 세워 주는 일은 정말 중요합니다. 그런데 우리는 이 일을 그렇게 중요하게 여기지 않는 것 같습니다. 상대방의 감정이나 기분 따위는 생각하지 않고 우리 고집대로 할 때가 더 많지요. 함부로 흠집을 잡고, 위협을 하고, 사람들 앞에서 다른 사람을 나무랄 때도 있습니다. 이럴 때 상대방의 자존심에 얼마나 큰 상처를 입게 되는지 생각하지도 않고요. 하지만 잠시 생각을 가다듬고, 상대방을 배려하는 한두 마디의 말을 하거나, 상대방의 입장을 진심으로 이해하는 모습을 보여 주는 것만으로 상대방이 받은 상처가 훨씬 줄어들 수 있어요! (Whereas a few minutes' thought, a considerate word or two, a genuine understanding of the other person's attitude, would go so far toward alleviating the sting!)

체면을 세워 주면 사람을 잃지 않는다

제가 아는 사람도 직원을 해고해야 할 일이 있었습니다. 공인회계사인 마셜 A. 그랜저는 저에게 편지를 보내 그 이야기를 들려주었지요. 그랜저가 일하는 회사는 일 년 중 일정 시즌만 바쁘고 나머지는 한가해 3월이 되면 많은 사람을 내보낸다고 합니다.

너무 자주 사람들을 내보내다 보니 이 일을 간단하게 처리해 버리는 관행이 생겼습니다. 보통 이렇게 말하고 끝내는 것입니다. "스미스 씨, 여기 앉으세요. 시즌이 끝나 더 이상 맡길 일이 없을 것 같네요. 물론 바쁜 시즌에만 일한다는 조건으로 채용되었다는 걸 이미 알고 계시겠지만요." 이 말을 들으면 사람들은 실망하면서 '쫓겨났다'라는 느낌을 갖게 되죠. 대부분 평생 회계 분야에서 일한 사람들이지만 이런 대우를 받으면 회사에 애정이 생길 수가 없습니다.

최근 마셜 A. 그랜저는 직원들을 내보내더라도 좀 더 지혜롭고 배려하는 태도로 일을 처리하기로 마음먹었습니다. 그래서 면담 전에 각자가 지난겨울 동안 수행한 업무를 꼼꼼히 살펴보고 나서 이렇게 말했습니다. "스미스 씨, 그동안 일을 정말 잘해주셨습니다. 저번에 뉴어크로 출장 갔을 때 정말 힘든 일을 맡으셨는데 잘 마무리해주셨네요. 회사에서는 스미스 씨를 아주 자랑스럽게 생각하고 있다는 걸 알아 주셨으면 좋겠습니다. 능력이 있으시니 어딜 가나 잘하시리라 믿습니다. 저희는 스미스 씨를 믿고 있고 언제나 응원한다는 사실을 잊지 말아 주세요."

효과가 있었을까요? 물론입니다. 사람들은 해고를 당해도 크게 기분이 나쁘지 않았습니다. '쫓겨났다'라는 느낌을 가지지 않았죠. 회사에 계속 일이 있었다면 함께 갔으리라는 것을 알았기 때문입니다. 회사가 그들을 필요로 할 때 그들은 회사에 애정을 가지고 다시 와 주었습니다.

역사에서도 진정으로 위대한 사람은 자신이 승리하더라도 거기에 취해 있지 않습니다. 패배한 상대의 체면을 세워 줘야 한다는 것을 잘 알고 있기 때문이죠.

1922년 수백 년에 걸친 싸움 끝에 터키인들은 자기네 영토에서 그리스인을 몰아내기로 결정했습니다. 당시 터키의 장군인 무스타파 케말*은 터키군 앞에서 나폴레옹처럼 연설을 합니다. "여러분의 목표는 지중해입니다!" 터키는 그리스와 격렬한 전쟁을 벌인 끝에 승리를 거머쥐었습니다.

그리스의 두 장군, 트리쿠피스와 디오니스가 항복하러 왔을 때 터키인들은 온갖 저주를 퍼부었지요. 하지만 케말은 전혀 승리자의 태도를 취하지 않았습니다. 케말은 두 사람의 손을 붙잡으며 말했습니다. "여기 앉으시죠. 피곤하실 것 같습니다." 그러고는 종전 결정에 관한 이야기를 나눈 뒤에 그리스의 패배에 대한 아픔을 위로해 주었습니다. 그리고 같은 군인의 처지에서 상대방의 체면을 세워 주기 위해 이렇게 말했지요. "전쟁이란 마치 게임과도 같습니다. 아무리 뛰어난 사람도 가끔은 패배하기 마련이죠."

* 무스타파 케말(1881~1938)은 터키의 독립 영웅이자 초대 대통령이다. '터키의 아버지'를 의미하는 아타튀르크라는 칭호를 수여받았다. 터키 지폐 속에 유일하게 등장하는 주인공이기도 하다.

핵심정리

1. 체면을 세워 주는 일은 중요하지만 생각보다 많은 사람이 이것의 중요성을 놓치고 있다.

2. 상대방의 기분과 감정을 배려하고 체면을 세워 주면 그 사람을 잃지 않게 된다.

실천하기

주변에 여러분의 위로가 필요한 사람이 있나요? 그 사람에게 기분과 감정을 배려하면서 체면을 세워 주려면 어떻게 말하는 것이 좋을지 한번 생각해 봅시다.

27장

진심으로 인정하고 아낌없이 칭찬하자
Be hearty in your approbation and lavish in your praise

칭찬은 개도 춤추게 한다

제 오랜 친구 중에 피트 발로라는 친구가 있습니다. 발로는 서커스단에서 동물 곡예를 하는 사람입니다. 저는 발로가 새로운 개를 데려와 조련하고 연기를 가르치는 광경을 지켜보는 걸 좋아했습니다. 개가 조금이라도 나아지는 모습을 보이면 쓰다듬으면서 칭찬하고 고기를 주었지요. 발로는 이 과정을 끊임없이 되풀이했습니다.

사실 이 방법은 전혀 새로운 것이 아니었습니다. 동물 조련사들은 똑같은 방법을 이미 몇백 년 전부터 사용해 오고 있다고 합니다. 그런데 우리는 개를 훈련시키는 이 효과적인 방법을 사람을 변화시키는 데 왜 사용하지 않는 걸까요? 왜 우리는 채찍 대신 고기를 사용하지 않을까요? 비난 대신 칭찬을 사용할 수 없을까요?

상대방이 조금이라도 나아지는 모습을 보이면 아낌없이 칭찬해 주세요. 그렇게 격려를 받은 사람은 계속 더 나아지려고 노력합니다. (Let us praise even the slightest improvement. That inspires the other person to keep on improving.)

싱싱 교도소장인 루이스 E. 로스는 양심의 가책조자 느끼지 못하는 범죄자들도 사소한 발전에 대해 칭찬을 받으면 좀 더 긍정적인 변화가 생긴다는 사실을 알게 되었습니다. 제가 이 장의 원고를 쓰고 있는데, 로스 소장으로부터 다음과 같은 내용의 편지를 받았습니다. "수감자들의 노력을 인정하고 칭찬하는 것이 잘못을 비난하거나 지적하는 것보다 협조를 얻어 내고 재활과 사회 복귀에 훨씬 더 효과적이라는 사실을 발견했지요."

저는 싱싱 교도소에 수감되어 본 적은 없지만, 제 인생을 돌이켜 봐도 누군가로부터 받은 몇 마디 칭찬이 삶을 통째로 바꿔 놓는 경험을 한 적이 있습니다. 여러분도 그런 경험을 해 보지 않나요?

칭찬이라는 마법이 낳은 놀라운 결과

역사 속에도 칭찬이라는 마법이 낳은 놀라운 일들이 가득합니다. 지금으로부터 50년 전 일입니다. 열 살짜리 남자아이가 이탈리아 나폴리의 어느 공장에서 일하고 있었습니다. 아이는 가수가 되고 싶었지만 처음 노래를 가르쳤던 선생님은 아이의 의욕을 꺾어 놓았습니다. "넌 노래를 부를 수 없어. 목소리를 전혀 낼 줄 모르는 구나. 마치 문틈으로 새는 바람 소리 같다."

하지만 가난한 농부였던 어머니는 아이를 품에 안으며 노래를 잘하고 있고 앞으로 더 나아질 것이라고 칭찬해 주었습니다. 어머니는 아이의 음악 수업료를 모으기 위해 맨발로 다니기까지 했지요. 농부 어머니의 칭찬과 격려가 아이의 인생을 바꾸어 놓았습니다. 아이의 이름은 엔리코 카루소였습니다. 당대 가장 유명한 오페라 가수가 되었죠.

19세기 초반에 런던에 살던 어느 젊은이는 작가가 되고 싶었습니다. 하지만 모든 것이 장애물처럼 느껴졌습니다. 그가 학교에 다닌 기간은 4년밖에 되지 않았습니다. 아버지는 빚을 갚지 못해 감옥에 갇히고 말았지요. 젊은이는 하루하루 굶주림에 시달려야 했습니다. 마침내 일자리를 구했지만 쥐가 득실거리는 창고에서 검은색 도료 병에 상표를 붙이는 일이었습니다. 밤이 되면 런던 빈민가의 부랑아 두 명과 음침한 다락방에서 잠을 자야 했습니다.

글쓰기 능력에 자신 없었던 이 젊은이는 다른 사람들의 비웃음을 사지 않으려고 밤에 몰래 나가 출판사에 원고를 보냈습니다. 하지만 보내는 원고마다 모두 거절당했지요. 그러다가 어느 출판사에서 그의 원고를 받아 주었습니다. 사실 원고료는 받지 못했지만 편집자 한 명의 칭찬을 받았습니다. 편집자가 그를 인정해 준 것이죠. 젊은이는 너무 기쁜 나머지 뺨에 눈물을 흘리며 정처 없이 거리를 돌아다녔습니다. 이 칭찬과 인정이 없었다면 그는 평생 쥐가 득실거리는 창고에서 일을 하며 인생을 마쳤을지도 모릅니다. 이 젊은이의 이름은 찰스 디킨스*입니다.

지금으로부터 50년 전 런던에는 또 다른 젊은이가 포목점에서 일하고 있었습니다. 젊은이는 매일 새벽 5시에 일어나 가게를 청소하고 하루 14시간 동안 노예처럼 일해야 했습니다. 이렇게 2년 동안 힘들고 단조로운 일을 하고 나니 젊은이는 더 이상 견딜 수 없었습니다. 그래서 하루는 해가 뜨기도 전에 일어나 대여섯 시간을 걸어 가정부로 일하고 있는 어머니를 찾아갔습니다.

젊은이는 어머니에게 더 이상 일하고 싶지 않다며 울면서 호소했습니다. 심지어 포목점에서 일하느니 차라리 죽고 싶다고까지 말했지요. 그러고는 모교의 교장 선생님에게 마음이 너무 힘들어 더 이상 살고 싶지 않다는 내용으로 길고도 애절한 편지를 보냈습니다. 편지를 받은 교장 선생님은 젊은이에게 머리가 비상하고 지금보다 더 나은 일을 할 만한 사람이라고 칭찬하고는 학교 교사의 자리를 제안했습니다.

이때 받은 칭찬과 인정이 젊은이의 미래를 바꿔 놓았습니다. 젊은이는 이후

* 찰스 디킨스(1812~1870)는 19세기 영국을 대표하는 소설가다. 셰익스피어에 버금가는 인기를 누렸으며, 『올리버 트위스트』 『데이비드 코퍼필드』 『위대한 유산』 『크리스마스 캐럴』 등의 작품을 남겼다.

에 수많은 책을 썼고, 글을 써서 번 돈만 100만 달러가 넘었습니다. 이 젊은이의 이름은 H. G. 웰스*입니다.

우리는 사람을 변화시키는 방법에 대해 이야기하고 있습니다. 만약 우리가 상대방이 가지고 있는 잠재된 보물을 발견하도록 격려한다면 사람을 변화시키는 것 이상을 할 수 있습니다. 말 그대로 완전히 다른 사람으로 탈바꿈시킬 수도 있습니다. (If you and I will inspire the people with whom we come in contact to a realization of the hidden treasures they possess, we can do far more than change people. We can literally transform them.)

이 말이 과장일까요? 그렇다면 미국의 뛰어난 심리학자이자 철학자인 윌리엄 제임스 교수의 말을 들어 보세요. "우리가 될 수 있는 모습과 비교하면, 우리는 단지 절반만 깨어 있는 상태다. 우리는 신체적, 정신적 자원의 일부만 사용하고 있다. 쉽게 말해, 인간 개개인은 자신의 한계에 훨씬 못 미치며 살아간다. 다양한 능력을 가지고 있지만 습관적으로 사용하지 않는 것이다."

그렇습니다. 이 책을 읽고 있는 여러분도 다양한 능력을 가지고 있지만 습관적으로 사용하지 않고 있지요. 그 다양한 능력 중에는 다른 사람의 잠재력을 알아보고 칭찬하고 격려하는 마법 같은 능력도 있습니다.

* H. G. 웰스(1866~1946)는 쥘 베른 등과 함께 과학 소설의 아버지로 불린다. 『타임머신』 『투명인간』 등 과학 소설 100여 편을 남겼다.

핵심정리

1. 상대방이 나아지는 모습을 보면 아낌없이 칭찬하자. 격려를 받은 사람은 계속 나아지려고 노력한다.
2. 상대방의 잠재된 보물을 발견하도록 격려하면 완전히 다른 사람으로 탈바꿈시킬 수도 있다.

실천하기

주변에 발전하고 나아지기 위해 노력하는 친구나 이웃, 가족이 있다면 칭찬해 주세요. 그 사람에게 잠재된 보물이 있다면 무엇인가요? 그 보물을 발견할 수 있도록 어떻게 도울 수 있을까요?

28장

상대방에게 좋은 평판을 주자
Give the other person a fine reputation to live up to

좋은 평판은 지키고 싶은 기준이 된다

뉴욕 스카스데일에 살고 있는 어니스트 겐트 부인의 이야기입니다. 부인은 새 가정부를 고용해 다음 주 월요일부터 출근하라고 했습니다. 그사이에 그 가정부가 예전에 일했던 집에 전화를 걸어 그녀가 어땠는지 물어보았죠. 그런데 별로 평판이 좋지는 않았습니다.

새 가정부가 출근하자 부인은 이렇게 말했습니다. "넬리, 사실 며칠 전에 당신이 일하던 집 안주인에게 전화를 해 보았어요. 주인은 당신이 정직하고 신뢰할 만한 사람이라고 했어요. 요리도 잘하고 아이들도 잘 돌본다고 했고요. 그런데 집이 늘 깨끗하게 정리되어 있는 건 아니라고 하더군요. 물론 저는 그 집주인이 거짓

말을 했다고 생각해요. 당신의 옷차림만 봐도 단정하고 깔끔하니까요. 저는 우리 집도 깨끗하게 정리해 줄 것이라고 믿어 의심치 않아요. 앞으로 잘 지내 봐요."

실제로도 두 사람은 계속 잘 지냈다고 합니다. 넬리에게 좋은 평판을 안겨 주었기 때문이지요. 이 좋은 평판은 넬리가 지키고 싶은 기준이 되었습니다. 그 평판을 지키기 위해 집 안을 늘 깨끗하게 정리했지요. 심지어 일과 후에도 시간을 들여 청소를 했답니다.

상대방의 어떤 부분을 개선하고자 한다면, 마치 그 사람이 그 부분에 뛰어난 장점을 가진 것처럼 말해야 합니다. 셰익스피어의 말처럼 "가지고 있지 않은 장점을 이미 가지고 있는 것처럼 행동하"도록 만드는 것이죠. 상대방에게 부응하고 싶을 만한 좋은 평판을 주세요. 그러면 상대방은 여러분이 실망하는 것을 보지 않기 위해서라도 엄청난 노력을 쏟아부을 것입니다. (Give them a fine reputation to live up to, and they will make prodigious efforts rather than see you disillusioned.)

작은 말 한마디가 인생을 바꾼다

프랑스 가수 조제트 르블랑은 『추억, 마테를링크와 함께한 인생』이라는 책에서 어느 미천한 벨기에 출신 여성의 놀라운 변신을 이야기했습니다.

르블랑 부인에게 이웃 호텔의 하녀가 음식을 가져왔습니다. 주방 보조로 일하느라 '접시닦이 마리'라고 불리는 여자였지요. 이 여자는 눈이 사팔뜨기에 다리는 안짱다리여서 외모가 참 볼품없었습니다. 몸과 마음이 모두 궁핍해 보였답니다. 하루는 그녀가 식사로 마카로니를 가져왔는데, 부인은 대뜸 이렇게 말했습니다. "마리, 당신 안에는 어떤 보물이 숨겨져 있는지 모르는군요."

감정을 숨기는 데 익숙하던 마리는 마치 무슨 일이라도 벌어질까 두려운 듯 가만히 있었습니다. 그렇게 시간이 얼마나 흘렀을까 마리는 탁자 위에 접시를 내려놓고 한숨을 내쉬며 이렇게 말했습니다. "부인, 저는 예전 같았으면 그 말씀을 믿지 않았을 거예요." 그녀는 의심을 품지도 않고 의문을 제기하지도 않았습니다.

그날부터 마리는 부인이 한 말을 되뇌었습니다. 마리의 내면에서 놀라운 변화가 일어나고 있었습니다. 자신 안에 보물이 숨겨져 있다고 믿게 되자, 외모도 가꾸었고 서서히 감춰져 있던 젊음이 꽃피기 시작했습니다. 두 달 후 부인이 그곳을 떠날 무렵, 마리는 주방장의 조카와 결혼한다는 소식을 전하며 감사 인사를 했지요. 작은 말 한마디가 마리의 인생을 완전히 바꾸어 놓았습니다. 그녀는 '접시닦이 마리'에게 부응하고 싶을 만한 좋은 평판을 주었고, 그 평판이 그녀를 변모시켰습니다. (A small phrase had changed her entire life. She had given "Marie the Dishwasher" a reputation to live up to—and that reputation had transformed her.)

헨리 클레이 리스너가 프랑스에 주둔한 미군 병사들의 품행을 개선하는 데도 이 방법을 사용했습니다. 미국에서 가장 유명한 제임스 G. 하보드 장군은 프랑스에 주둔한 200만 명의 미군 병사들이 가장 청결하고 이상적이 군인이라 생각한다고 말했습니다.

지나친 칭찬일까요? 물론 그럴 수도 있습니다. 하지만 리스너는 이 칭찬을 어떻게 이용했을까요? 리스너의 말입니다. "저는 병사들을 만날 때마다 하보드 장군의 말을 그대로 전했습니다. 그 말이 사실인지 아닌지는 의심하지도 않았어요. 만약 사실이 아니더라도 병사들은 하보드 장군의 생각을 알고 나면 그 기준에 맞추려고 노력할 테니까요."

핵심정리

1. 상대방에게 좋은 평판을 주자. 그러면 기대에 부응하기 위해 노력
   할 것이다.
2. 작은 말 한마디가 인생을 완전히 바꾸어 놓을 수 있다. 말 한마디
   에도 신중해야 한다.

실천하기

여러분 친구 중에 좋은 평판으로 격려가 필요한 사람이 있나요? 만약
있다면 어떻게 격려해 주면 좋을까요? 말 한마디의 힘이 얼마나 강한
지 느껴 보세요.

29장

고치기 쉬운 잘못처럼 보이게 하자
Make the fault seem easy to correct

상대방에게 용기와 희망을 주었을 때

얼마 전에 마흔 살이 다 된 제 친구가 약혼을 했습니다. 약혼녀는 다소 늦은 나이지만 춤을 한번 배워 보라고 권했습니다. 이 친구는 춤을 배우면서 있었던 일을 저에게 이야기해 주었습니다.

"무려 20년 전에 처음 춤을 춰 봤으니까 제대로 춤을 배울 필요는 있겠지. 첫 번째 선생님은 진실을 말해 주었을 거야. 모든 게 엉망이라고 했거든. 모든 걸 잊고 다시 시작하라고 했어. 하지만 춤을 배울 마음이 싹 사라지더군. 배워야 할 이유를 찾지 못했어. 결국 그만두었지.

두 번째 선생님은 거짓말을 했을지 모르지만, 난 좋았어. 내 춤이 조금 구식이긴 해도 기본은 갖춰져 있다고 했거든. 새로운 스텝만 배우면 괜찮을 거라고 했지. 선생님은 내가 잘하는 건 칭찬하고 실수는 가볍게 넘어갔어. 나보고 타고난 리듬감을 가졌고 뛰어난 춤꾼이라고도 이야기해 줬어. 물론 듣기 좋으라고 한 말인 건 나도 알지만, 마음속으로는 선생님의 말씀을 믿고 싶어지더라고.

어쨌든 선생님이 타고난 리듬감이 있다고 말해 주지 않았다면 나는 춤 실력이 더는 나아지지 않았을 거야. 그 말이 나에게 용기를 줬고 희망을 줬어. 덕분에 나는 좀 더 열심히 하고 싶다는 생각이 들었지. (At any rate, I know I am a better dancer than I would have been if she hadn't told me I had a natural sense of rhythm. That encouraged me. That gave me hope. That made me want to improve.)"

주변에 가까운 사람에게 잘못을 지적하고 재능이 없다고 비난해 보세요. 아마도 발전하고 노력하는 마음이 모두 꺾여 버릴 것입니다. 반대의 방법을 사용해 보세요. 아낌없이 격려하세요. 쉽게 할 수 있는 일이라고 말해 주세요. 그 일을 충분히 해낼 수 있는 능력이 있다는 믿음을 주세요. 상대방에게 감춰진 재능이 있다는 것을 알게 해 주세요. 그러면 더 나아지기 위해 밤새도록 노력할 것입니다.

　　로웰 토머스는 바로 이 방법을 사용했습니다. 그는 인간관계의 최고 전문가라고 할 수 있는 사람입니다. 사람들의 능력을 발견하고 자신감을 불어넣고 용기와 믿음을 갖게 합니다. 한 번은 토머스 부부와 주말을 함께 보낸 적이 있습니다. 로웰는 내게 따뜻한 모닥불 앞에서 브리지 게임을 하자고 했습니다. 하지만 저는 브리지 게임을 전혀 할 줄 몰랐습니다. 그 게임은 늘 제게 수수께끼와 같았지요. 저는 전혀 하고 싶은 생각이 없었습니다.

　　그렇게 제가 망설이고 있자 로웰이 말했습니다. "아, 전혀 어렵지 않아. 기억력과 판단력만 있으면 누구나 할 수 있네. 자네는 전에 기억력에 관한 책도 쓰지 않았나. 이 정도면 식은 죽 먹기일 거야. 자네 적성에 딱 맞을 거야."

　　저는 저도 모르는 사이에 테이블에 앉아 브리지 게임을 하고 있었습니다. 제가 타고난 재능이 있을 거라는 이야기를 들었고, 게임이 그렇게 어려워 보이지 않았기 때문이죠.

　　브리지 게임 이야기를 하다 보니 엘리 컬버트슨이라는 사람이 떠오르네요. 컬버트슨은 브리지 게임을 하면 자주 언급되는 이름이기도 합니다. 그가 쓴 브리지 게임 관련 책은 수십 개의 언어로 번역되었고 수백만 부가 팔렸습니다. 하지만 그도 처음부터 브리지 게임을 좋아한 것은 아니었습니다.

컬버트슨는 1922년에 미국에 왔습니다. 대학에서 철학과 사회학을 가르치는 강사 자리를 찾았는데 쉽게 구하지 못했습니다. 그래서 석탄도 팔아 보고 커피도 팔아 보았지만 모두 실패했지요. 당시에는 브리지 게임을 직업으로 삼을 생각을 전혀 하지 못했습니다. 카드놀이에 능숙하지도 못했고 게임을 즐기기보다 분석하는 데 더 많은 시간을 쓰려고 했습니다. 그러다 보니 누구도 같이 게임을 하려 하지 않았답니다.

이때 컬버트슨은 조세핀 딜론이라는 어여쁜 브리지 게임 선생님을 만납니다. 두 사람은 사랑에 빠져 결혼까지 했습니다. 아내는 남편이 카드를 꼼꼼하게 분석하는 모습을 유심히 보고는 게임에 천재적인 능력이 있다는 사실을 확신시켜 주었지요. 컬버트슨은 바로 그 아내의 격려 덕분에 이 게임을 직업으로 삼게 되었다고 고백했습니다.

상대방이 좀 더 나아지도록 돕길 원한다면 격려해 주세요. 고쳐주고 싶은 잘못이 있다면 고치기 쉬운 잘못처럼 보이게 하세요. 상대방이 하기를 바라는 일이 쉬운 일처럼 보이게 만들어 주세요. (If you want to help others to improve, use encouragement. Make the fault you want to correct seem easy to correct. Make the thing you want the other person to do seem easy to do.)

핵심정리

1. 사람들은 용기와 희망을 주었을 때 좀 더 열심히 하고 싶다는 생각
   이 든다.
2. 상대방에게 고쳐 주고 싶은 잘못이 있다면 고치기 쉬운 잘못처럼
   보이게 하자.

실천하기

친구나 가족 중에 고쳐 주고 싶은 잘못이 있는 사람이 있나요? 그 잘
못은 무엇인가요? 고치기 쉬운 잘못처럼 보이려면 그 사람에게 어떻
게 말하는 것이 좋을까요?

30장

내가 제안한 일을 상대방이
기꺼이 하도록 만들자
Make the other person happy
about doing the thing you suggest

제안을 기분 좋게 받아들이게 하려면

1915년 무렵, 미국은 경악을 금치 못했습니다. 유럽 국가들 사이에서 1년 넘게 대규모 학살이 벌어지고 있었거든요. 과연 평화가 찾아올지는 아무도 알 수 없는 상황이었습니다. 하지만 당시 미국 대통령인 우드로 윌슨은 평화로운 해결책을 찾아보기로 마음먹었습니다. 그는 평화 사절단을 보내 유럽 각국의 지도자들과 문제를 상의하기로 했습니다.

평화를 열렬히 지지하던 윌리엄 제닝스 브라이언 국무장관은 이 평화 사절단으로 가고 싶었습니다. 인류 평화에 기여하는 업적을 세워 자신의 이름이 후대에 영원토록 기억되기를 바랐던 것입니다. 하지만 윌슨은 브라이언이 아니라 자신과 가까운 친구인 하우스 대령을 사절단으로 임명했지요. 게다가 하우스 대령에게는 이 소식을 브라이언 국무장관에게 알려야 하는 골치 아픈 임무까지 맡겼습니다.

하우스 대령은 당시의 상황을 일기에 기록했습니다. "내가 평화 사절단으로 유럽에 가게 되었다는 소식을 듣고 브라이언 국무장관은 실망감을 감추지 못했다. 그는 자신이 사절단으로 가기 위해 준비하고 있었다고 말했다. 나는 대통령이 이 일을 공식적으로 진행하지 않길 원하고, 브라이언 국무장관이 사절단으로 가면 너무 많은 관심이 쏠릴 뿐 아니라 사람들이 이상하게 생각할 것이라고 말해 주었다."

하우스 대령의 말에 어떤 의미가 담겨 있는지 알 수 있지 않나요? 그는 브라이언 국무장관이 이런 사소한 임무를 맡기기에는 너무 중요한 사람이라고 말한 셈입니다. 물론 이 말을 들은 브라이언 국무장관은 만족했을 것입니다. 세상일에 경험이 많고 지혜로운 하우스 대령은 인간관계의 중요한 원칙, 즉 "나의 제안을 상대방이 기꺼이 하도록 만들자"를 실천했습니다.

우드로 윌슨도 윌리엄 깁스 맥아두에게 자신의 내각에서 장관으로 일해 달라고 요청할 때 이 원칙을 지켰습니다. 장관으로 일하는 것은 누구에게나 명예로운 일이었지만, 윌슨은 상대방이 정말로 중요한 사람이라고 느끼도록 만들었습니다. 맥아두는 이렇게 말했지요. "윌슨 대통령은 내각을 꾸리는 중인데 저에게 재무

장관직을 수락해 준다면 정말 기쁘겠다고 말씀하셨습니다. 그분은 상대방을 기분 좋게 만드는 재주가 있습니다. 내가 영광스러운 제안을 받는 것인데도 마치 내가 그의 부탁을 들어주는 것 같은 느낌이 들게 했습니다."

거절도 기분 좋게 받아들이게 하려면

우리는 살면서 상대방에게 제안을 할 때도 많지만 거절을 해야 할 때도 많습니다. 제가 아는 한 사람은 워낙 바빠서 수많은 강연 초청을 거절해야 했습니다. 하지만 거절하더라고 상대방이 기분 좋게 받아들이도록 하는 재주가 있었지요. 어떻게 그렇게 할 수 있었을까요?

그는 너무 바쁘다거나 이런저런 사정이 있어서 안 된다는 식으로 말하지 않았습니다. 우선 초청에 대해 감사하고 그 초청을 받아들일 수 없는 상황에 유감을 표시했습니다. 그러고는 자신을 대신할 수 있는 강연자를 추천해 주었습니다. 다시 말해, 상대방이 거절당한 것에 기분 나빠할 틈을 주지 않은 것입니다. 순간적으로 상대방의 관심을 다른 강연자에게로 돌리게 만든 것이지요.

"제 친구인『브루클린 이글』잡지의 편집장 클리블랜드 로저스에게 강연을 부탁해 보는 건 어떠세요? 아니면 가히 히콕도 생각해 보셨나요? 파리에서 유럽 특파원으로 15년 동안 일한 경험 덕분에 재미있는 이야기가 많을 거예요. 리빙스턴 롱펠로도 있네요. 그는 인도에서 맹수 사냥을 다룬 영화를 제작한 적이 있지요."

뉴욕에서 가장 큰 인쇄업체를 운영하는 J. A. 원트는 한 가지 고민거리가 있었습니다. 회사에서 일하는 어느 기계공이 반감을 갖지 않도록 하면서 태도를 바로잡아 주어야 했지요. 기계공은 타자기를 비롯해 쉴 새 없이 돌아가는 기계들을 관리하는 일을 맡고 있었습니다. 그런데 업무가 너무 많고 일하는 시간도 너무 길어 조수를 붙여 달라며 늘 불평을 늘어놓았습니다.

J. A. 원트는 조수도 붙여 주지 않고 업무의 양이나 일하는 시간도 줄이지 않았지만, 기계공이 만족하면서 일하도록 만들었습니다. 과연 어떤 방법을 사용했을까요? 그는 기계공에게 개인 사무실 하나를 만들어 주었습니다. 사무실 문에는 그의 이름과 '서비스부 부장'이라는 직함을 붙여 주었지요.

그는 이제 누구의 지시를 받고 일하는 기계공이 아니었습니다. 어엿한 한 부서의 부장이었지요. 그는 권위도 인정받았고 스스로 중요한 사람이라는 느낌도 받았습니다. 이제 아무런 불평 없이 만족스럽게 일할 수 있었습니다.

조금 유치해 보이나요? 물론 그럴 수도 있습니다. 하지만 직위와 권한을 부여하는 것은 인간관계에서 유용한 수단이 될 수 있습니다. 역사 속에서 나폴레옹이 이를 잘 활용했지요. 그는 프랑스 최고의 훈장인 '레지옹 도뇌르 훈장'을 만들어 1,500명의 병사들에게 수여했습니다. 18명의 지휘관에게는 '프랑스 대원수'라는 계급을 부여했고, 프랑스 제국 군대에는 '대육군'이라는 칭호를 내립니다. 명예를 추구하는 인간의 욕망을 잘 활용한 역사적 사례라고 할 수 있습니다.

1. 상대방이 제안을 기분 좋게 받아들이게 하려면 상대방이 중요한 사람이라고 느끼도록 만들어야 한다.
2. 상대방이 거절을 기분 좋게 받아들이게 하는 방법도 마찬가지다. 상대방이 무시당하지 않고 인정받고 있다는 느낌이 들게 만들어야 한다.

상대방에게 제안이나 거절을 기분 좋게 받아들이게 하려면 무엇보다 상대방을 존중해야 합니다. 우리 주변이나 역사 속에서 모범적인 사례가 있는지 조사하고 어떤 교훈을 얻을 수 있는지 이야기해 봅시다.

10대를 위한 데일 카네기 인간관계론

세상에 나가기 전에 꼭 알아야 할 인간관계 법칙 30가지

초판 1쇄 펴낸날 2023년 11월 25일
초판 7쇄 펴낸날 2024년 9월 20일

지은이 데일 카네기
편역 카네기클래스
펴낸이 서상미
펴낸곳 책이라는신화

기획이사 배경진 권해진
책임편집 이가을
표지 디자인 studio forb　**표지 일러스트** 박정원
홍보 문수정 오수란 이무열
마케팅 김준영 황찬영

독자관리 이연희　**콘텐츠 관리** 김정일
독자위원장 민순현
청소년 독자위원 고선재 김선우 김영우 김학수 박주원 송윤서 우수정 우지훈 유지형 이동건
　　　　　이은서 이정로 이정인 이희광 이희영 임송이 정지우 정태훈 정희원 한가을
　　　　　한가인
학부모 독자위원 김보영 김혜선 남궁혜윤 노은하 백지현 백진영 우상희 우현진 이재훈 이혜진
　　　　　전수정 정성연 정은미 차길예

출판등록 2021년 12월 22일(제2021-000188호)
주소 경기도 파주시 문발로 119, 304호(문발동)
전화 031-955-2024　**팩스** 031-955-2025
블로그 blog.naver.com/chaegira_22
포스트 post.naver.com/chaegira_22
인스타그램 @chaegira_22
유튜브 책이라는신화 채널
전자우편 chaegira_22@naver.com

카네기클래스 ⓒ 2023
ISBN 979-11-982687-6-1 04320
ISBN 979-11-982687-7-8 (세트)